旅のかたち

彩りの日本巡礼

秋元 忍 *Shinobu Akimoto*

幻冬舎MC

序章

もう随分と前のこと、おそらくは中学、高校の時分だったでしょうか、旅と旅行はどう違うのか、そんなことに何度か考えを巡らせた記憶があります。

森と林、あるいは雲と霧、登山でいうガスと同じで、それは同義語でしかないのかもしれませんが、心情的にはちょっと区別したい思い入れというかこだわりといおうか、引っかかる部分があります。

観光旅行、修学旅行、海外旅行、傷心旅行とはいいますが、「○○旅」とはいいません。逆にひとり旅、山旅といういい方はしても「○○旅行」は一般的ではないでしょう。若かりし頃には、こうしたことに何とか理屈をつけよう、自分なりに答えを出そうとしていたのかもしれません。

ツアーのバスに乗り、ただ連れ回されるだけの「旅行」は「旅」とはいえないのではないか。誰かの後ろにくっついて、自分では何の計画も考えもないのも旅ではないのではないか。そんな風に「旅行」と「旅」の違いについて思い巡らせ、自分なりの「旅」を見出し、作り上げようとしていたのかも。

60歳を過ぎた今でも、たまにそういうことを考えなくもないのですが、かといって未だに明確な相違を指摘できない。真剣に考えるのも面倒だし、もうどうでもよくなったのかもしれません。

登山を始めて以降は特にそうで、ある程度の経験を積んだ後は、自分で全てを計画し、実行に移してきました。その中で、「旅行」でも「旅」でも、どっちでもよくなってきた。「旅」が「旅行」よりもより豊かなものだという風に仮定しても、日帰りのバス旅行にだって思いがけない出会いとか出来事がないとはいい切れないし、より大きく深い想い出が残る可能性だってあるわけです。人それぞれで捉え方や考え方も違う。印象や得られたものの大小なども、一概に定義もできなければものさしが存在するでもないわけです。

ただ、私なりのこだわりや思い入れを優先させ、この紙面では「旅」という表現に統一し、話を進めていきたいと思います。

旅という非日常

お土産考

もう20年位前になるでしょうか、同じ題名で土産について書いたことがあります。基本的には今も考えは変わってはいないものの、これだけ全国あちらこちらへ足を運び、年数を重ねてみると、多少なりとも思考が柔軟になったような気もします。ＰＣをいじるようになってネットのお世話になることも増え、付け加えたい部分が出てきたのも事実でしょう。

私の基本的な考え方は、お中元・お歳暮にも通ずるのですが、儀礼的なお土産は不要だというものです。特に職場に買って帰る必要は、全くとはいいませんが、ほぼないでしょう。親しい間柄でやり取りするのはまあ許せるとして、休んだことに対する代価、あるいは申し訳での土産は、私にいわせると愚かで勿体ない以外の何ものでもありません。

休暇というのは労働者に保障された権利であり、それを使って何処へ行こうが個人の自由です。休んだから申し訳ない、同僚など他者に負担や迷惑をかけた、だからせめて土産を買って帰る。その位は義務であり、礼儀である。そんな考えは不毛であり、馬鹿げています。権利なのだから、堂々と休めばいいのであって、そこにお土産を買う、買わねばという発想が出てくること自体がおかしいのです。「日本人は休み下手」といわれますが、土産もそれに含まれているのではないか、そう結論づけたくなります。

私も土産を買った経験があるし、中には同僚のためのものもなくはありません。しかし、登山が旅の主流になると、土産を買い求めることに違和感や嫌悪感、もしくは罪悪感さえ抱くようになりました。

私の若い頃には物流システムがまだ成熟していなかったか、あるいは成熟していたとして、そのことを私が把握していなかった時代です。登山となると大きな荷物を背負っているという物理的な問題があり、となるとそれ以外の荷物が加わるということを回避したい心理が働きます。ただでさえ大きく重たい荷物があるのに、さらなる負担や労苦を誰が望むでしょうか。

そういうわけで、私は登山帰りに土産を買うという習慣が、長いことありませんでした。それでも、全国各地に登山ででかけるのに、飛行機を利用するようになってからでしょうか、契機が訪れます。空港には土産物売り場があり、御当地のものが少なからず並んでいます。しかも、宅配便等でいくらでも送ることができ、手ブラで帰ってこられるわけです。

あるいはまた、経験を積むに連れて、その地方の名品とか逸品というものが知識として備わることもあります。例えば、たまたま買った土産がまずまず美味くて、自宅に戻ってからネットで検索してみると、そのメーカーのオススメ商品などを「発見・開拓」することもあります。お土産でなくても、それを定期的に購入するようにまでなったものだってありますし、そういうものを知人や友人に「配布」すると、決まって喜ばれます。

最近では宅配での配送が当たり前となり、自分用に地酒や地ビールを大人買いすることもままありますし、納戸が酒類で満杯になることだって珍しくありません。菓子類にしても麺類、あるいは雑貨類など、かなりのリピーターだといえるかもしれません。

こうしてみると、インターネットの普及は、私にとってありがたく、むしろかけがえのない存在になった反面、その商品のお土産としての価値や重みを薄れさせ軽減させているという側面も否定できません。北海道や九州にわざわざ行かなくても、極端な話、指1本、ボタン1個で購入可能なのですから。

いずれにしても、私の土産を見る目というのは、日々進化し、厳しくなってきたのではないかと自負しています。たかが土産といえど、されど土産です。せっかくでかけた旅先で、とりあえず買う土産など邪道です。義務感や義理で買うそれも同様でしょう。

誰にあげても喜ばれ、それでいてその旅の旅情を薄れさせ台無しにしない買い物の仕方、これは重要です。

私は旅に出て、帰宅して何日かするまでの期間、それも旅に含まれると考えています。例えば登山で、計画を練り始めた時点から始まり、それは下山した時点で終わりではありません。仮に駅や空港まで戻り、土産を買っている間も旅の一部です。土産を買う時点で旅情が冷めていては、それこそ興醒めなのです。

いい旅、いい土産というのは、何時までも余韻の残る旅であり、土産です。誰それに何を買わねばいけない、休暇を取った、何処かにでかけたがために後ろめたくなったり気を使ったりするような旅や土産は、本当の旅や土産とは、私なら評価しません。

最近では、山の湧水や流水を水筒に詰めて持ち帰ることが少なくありません。水筒が大きくなればなるほど重くて大変といえばそうなのですが、水はタダだし、私にとっては最高の土産物のひとつです。それを氷にし水割り用に使い、酒を飲みつつ山旅の余韻に浸るのです。美味いかどうかなんて、私の舌はそんなに肥えてはいませんが、「湧き水を汲んできたから、帰ったら1杯やろう」下山してきた駅でそう友人に電話したこともあります。

酒でなくても、コーヒーやお茶、あるいは米を炊くなど料理に使うのもアリでしょう。

要は、事後までその旅を愉しめれば、それに越したことはないわけです。その全てが旅なのです。少なくとも、私にとっては。

いい土産とそうでもない土産、その境界線はないかもしれないし、基準だってありません。ただ、短くない年月と少なくない経験が、土産を吟味する目や精神を培ってきたかもしれない、そう思うこの頃です。

いい土産とそうでないそれとの明確な差異は、ないかもしれません。その定義や基準がない以上、だからこそ自分自身で思慮し、見極めていくべきなのかもしれません。私にとっての1番の土産は——いくら下手で、作品としての価値は低くても——自分で撮った写真であり、その中にある風景や想い出です。私は土産を買う時、自分自身に対して何を残すか、それを第一に考えます。そして他者に対しては、いかにそれに近づけるか、を自問自答します。

思えば、家族や私の両親を伴ってでかけたことが何度かあります。まだ子供達が幼い頃、それはおそらく中学生になるかならないかという頃でしたが、毎年の年賀状を作る際に、家族写真を添えていたのです。それは駒沢オリンピック公園だったり、赤城山の紅葉狩りだったり、時にはディズニーランドだったこともありました。

その中で忘れがたいのは、長男坊が結婚したての頃、箱根火山の一峰である岩戸山を訪れた時のことです。熱海峠から山頂を経て湯河原に下山したのですが、途中、ルートが長年使われていない、要は人に踏まれていなかったためか酷い藪になっており、かなり難渋させられました。私1人ならまだよかったのですが、義理の娘も一緒です。

時間にしたら30分足らずと思いますが、やっとの事で住宅地まで出て、それ以降はミカン畑の中の坂道を進みます。すると農作業中の農家の方がおられ、あいさつを交わすと、私達4人に収穫したてのミカンをお裾分けしてくれました。ミカンを手にしてご機嫌の嫁の写真が残っていますが、嫁を含めて長男坊夫婦がどう思い感じたのか、それは不明です。それでも私はこの時、(《彼等はまだ登山歴が浅いのに》ツイてるな)とほくそ笑み、未だに鮮明に記憶しています。

この時のことは、何十年かの人生の中の、たった1日のうちの一瞬の出来事です。子供達に問えば「オヤジとの大した想い出はない」というかもしれません。しかし、私にしてみれば、ほんの一瞬の農家さんとのふれあいや、たった数個のミカンにしろ、こんなほのぼのして有り難い土産は他にないとすら思えます。高価なものでもなければ、形にも残らないのだけれど、心の宝とも評すべき土産話に他なりません。

桃の想い出

以前自動二輪の中型免許を持っていて、ツーリングにでかけたことがけっこうあります。勿論海にも行きましたが、登山を始める前後からは、高原あるいは山間道路を走行するのが主流となります。

伯父宅に近い裏磐梯や那須、あるいは上州路の経験もありますが、甲州街道を伝っての甲州・信州の旅が多かったでしょうか。上高地や安曇野、立山・黒部方面を、連泊で走破したこともありました。

最初に購入したのは80ccのバイクでしたが、その後は――燃費がいいのと税金面でも経済的なので――250ccのバイクを何台か乗り換えました。これだと遠出もまあまあ楽で、山道でエンジンが焼けついたり馬力が落ちたりするようなこともありません。何度かは登山が目的で、ザックを積んでハンドルを握ったこともありました。

それだと体力面でかなりハードだったし、そのうちツーリングそのものに魅力を感じなくなり、30才を過ぎた頃だったでしょうか、免許を更新せず失効させてしまいました。今でもバイクに乗っている夢をたまに見ますが、他人が「勿体ない」というほど、本人は残念に思ったことはありません。

まだ80ccのバイクに乗っていた頃、初夏の甲州路にでかけました。何や何処が目的だったかすら忘れてしまいましたが、昼時にさしかかった頃合いだったでしょうか。

場所は、現在の駅名でいうと「勝沼ぶどう郷」あるいは「塩山」辺りだったと思います。この周辺には果樹園がけっこうあり、その一帯を走行していたのでした。ブドウや桃を収穫できる以外にも食堂を兼備した果樹園があり、そこでランチをすることにします。カウンター席に座り、うどんを注文したような記憶があります。

そのすぐ傍らでは、1人の中年男性がその時間から酒を飲んでおり、出来上がりかけた塩梅《あんばい》です。どうもその果樹園兼食堂の経営者らしく、この日には車を運転する必要や仕事もないのか、その時間からの小宴会が可能だったのでしょう。20歳前後の私は、その方からすれば息子のような年代です。何を喋ったか憶えてはいませんが、歓談したことだけは確かです。

うどんをそろそろ食べ終わろうかという頃だったでしょうか、いくらか覚束ない足取りで店を出て行った男性は、間もなく1個の桃を手に戻ってきました。そしてそれを、食事のオマケとでもいわんばかりに私にくれたのでした。採れたてだし冷えてはいなかったものの、その桃の甘かったこと。その後これ以上に甘い桃を食べたかどうか、それは定かではないながら、30年以上たった今でも、この時のことは割合鮮明に記憶の底に残っています。

このツーリング自体は、断片的というより、ほぼ忘れかけています。何処に行った帰りなのか、何処をどう走行したのか、押入れの奥にしまった古いアルバムを掘り起こさない限りは、記憶を辿るだけ無駄骨に終わるでしょう。ですが、このランチ・タイムだけは、カットされてしまった他の場面と異なり、極彩色《カラー》で目に浮かんできます。

これを旅と呼んでいいものなのかどうか、私には判断つきかねます。でも、往々にして、旅なんてこんなものなのかもしれない。たかが1時間足らずの、小さな出会いであり、1シーンです。おそらくは大した会話はしていないし、向こうは私のことなどすぐに忘れてしまったかもしれない。

それでも、どこかほのぼのとし、こんな出会いがまたあればいいと思えます。登山が主目的の旅でも、人との出会いがいい印象をもたらすことが少なくない。メル友になったり、時には食事をしたり飲みに行ったり、そんなこともないわけじゃありません。これは稀な例ですが、たまたま同じ山小屋に同宿したカップルが、その後私が愛のキューピッドとなり、結婚に至ったことだってあるのです。

今更ながらですが、人との出会いは、旅の醍醐味のひとつなのかもしれません。勿論、歓迎したくない、想い出したくもない出会いだってあるかもしれません。ですが、世の中というのは、人生というものは、そうそういいことばかりじゃないのが常です。いいことばかりだったとしたら、いいことがいいことではなく普通のことになってしまいます。

ほんの一瞬の小さな出来事で、人生観が変わるとか人生の分岐点になった、人生そのものを一変させるだとか、そんな大仰なものではありません。ただ、こんなことが再演されるのをちょっぴりは期待しながら、また旅に出ようという気になるのかもしれません。

ある旅路

２００８年の３月末、父が他界しました。

それで私流に、何かいい供養はできないか、考えました。

私は母の了解を得て父の遺骨の一部を譲り受け、それを砕いて粉状にし——無論余り声を大にしてはいえないことなのですが——私がでかける山などに密かに散骨しているのです。２００８年の４月以降、樹脂製の容器に入れた父の遺骨をザックなどの中に忍ばせ、私がここぞと思う場所に、１つまみずつ撒くのです。勿論人目を忍んでの行動なのですが、粉状になっておりしかも少量ですから、散骨した骨が誰かの目につくということはまずあり得ません。

北は北海道から南は九州まで、その回数は私にも把握できないものとなりました。そこは山の頂上や峠であったり、お花畑の傍らであったり、深々とした森の中であったり、川の源流帯であったりします。私の長男坊の挙式があったバリ島にも連れて行ったし、散骨する際には、実際に言葉に出すこともあれば心の中で呟くだけのこともありますが、一声かけるようにしています。

冬で積雪があれば「寒いだろうけど勘弁してくれ」とか、桜の盛りなら「きれいだろう」とか、眺望がいい場所だったら「いい眺めだろ」など、その時その場所でかける言葉が違います。けれども、私の心の奥底にあるのは、たったひとつの想いです。

これは（当時）30年近く山を歩いてきたからこそ想い至ったのかと自負するのですが、父の遺骨、あるいは魂などといったものが、自然の法則・循環というようなものに従って、ひょっとしたら私のそばに巡り、還ってきているような気になれるのです。

散骨した場所が北海道であろうがバリ島であろうが、身近な所に戻ってくるよう願う部分もないわけではありません。無宗教の私がいうのも何ですが、それこそ墓などなくても何処でも手を合わすことができ、父を思うことができるのです。全ての場所が、父の墓であるわけです。

父が亡くなっても、遺骨がある限りは、何とはなしでも一緒にいるような気になれます。ともに山を歩き、同じ風景を見ているような、そんな感覚に浸ることができます。孫の結婚式に同行させてやれることも――出国・入国時のチェックにひょっとしたら引っかかるかとも思いましたが、意外にスンナリで――私なりの親孝行だったかもしれません。

こうした行為を、いい供養になるという人もいれば、けしからんことだと非難する人もいるでしょう。けれども、私にとっては命がけの法要みたいなものです。こうすることで逆に父が怒り、私にも早いお迎えがくるかもしれない、そう考えなくもありませんでした。

実際、ある山で父の遺骨を撒いた時には、その後天候が急変し、雷と雹《ひょう》に急襲されて遭難や死を意識させられる事態となりました。それでもいずれにしてもいつかは死ぬ運命だし、それが早いか遅いかの問題で、父に呼ばれたとしても仕方がないという思いもなくはありません。もう50を過ぎたからこそそんな風に開き直れるのかもしれませんが、反対にこの年になったからこそ悔いを残したくないとも思います。

厳密にいえば違法な行為かもしれませんが、骨をそのままの形状で散骨するのでもなく、粉状ですから人目につくことも、後々発見されることもまずあり得ません。その意味では他者に迷惑をかけることも不快な思いを与えずにも済みますし、その辺の配慮を欠かないよう自分なりに心しているつもりです。

私自身は墓に入りたいとは思わないし、理想はインドなどで見られる鳥葬です。日本ではそれは不可能ですが、ならば父のように散骨してもらいたい。私はすでに書いた遺書に、そう記してあります。葬式もしないでいいし、墓や戒名や、そうした宗教的な儀式やしきたりは不要です。そのようなものに金をかけるくらいなら、残された者達には何か美味いものでも食べてもらいたいし、無用な出費は私の本意とはしません。

父の遺骨や魂は、拡散して世界中に行き渡っているかもしれません。私のそばに還るどころか、その可能性の方が高いのかもしれません。そうあってくれればいいが、願い通りにならなくても、それはそれで仕方ありません。

やはり最も強く想うのは、父の場合は体の一部でしたが、私の場合には「全て土に還る」という理想《ありかた》です。自然界の中で生き、生かされてきて、それが私にしてみれば最も自然なありようです。

今父は、自然界の完璧なリサイクルのシステムに乗り、風や水の流れに沿った旅路にあるのではないでしょうか。永遠ではないにしろ、限りなく長く気の遠くなるような旅路です。私も同じように、いずれはそうした経路を辿れるなら本望です。

ひとり旅

気楽で気ままなひとり旅ほど、私にしっくりくるものはないかもしれません。特に登山ではそうで、かなり親しい友人が一緒であっても、気兼ねして写真を撮るのを遠慮、逡巡するなど、好もしくない状況に追いこまれることがあります。

登山の場合に単独行のリスクを考えるならば、特に私のような高年になれば尚更のこと、単独での行動は避けるべきなのかもしれません。ただ、ハードな山になればなるほど、下手なパートナーを連れて行くわけにもいきません。途中で体調を崩したり、ケガをしたり、私の意志や欲求に反して下山を余儀なくされては困りものだからです。

例えば妻と一緒に山にでかける場合、妻が登山において極めて足手まといであるという決定的なリスク、負荷である反面、費用は私が持たなくていいという歓迎すべきルールが存在します。私が計画し、案内・解説などし、時には手を引くなど手助けまでする。まあ、ガイド料みたいなものです。

こうしてみると夫婦とはある意味では不思議――もしくは珍妙・奇妙――なもので、長いこと一緒に暮らしていると、愛情はなくても愛着が生まれてくるものです。気兼ねなく写真も撮れるし、空気のような存在になっています。仮に、仮にの話ですが、若い愛人でもできたとして、デートするにも旅に出るにしても、誰かに見られているかもしれないと思うと落ち着かない気がします。おちおち歩くことも、食事をすることもできないかもしれない。それが妻だったら、全くの平常心でいられるのです。この安心感は大きく、旅に集中できることにもなります。

多少話が逸れましたが、年間20～30回の旅の中で、ひとり旅の割合は8～9割程度になるでしょうか。どんなに少なく見積もっても、7割を下回ることはなさそうです。妻には分不相応な無理な山歩きも少なくないし、それは体力面のみならず、経済面、日程面など、多岐に亘る理由によっています。しかしながら、どうしても妻と一緒がいい、そうありたいというのであれば、これほどまでにひとり旅をしたりはしません。日常生活の上でも、私はたいがいのことはひとりでこなせるし、ひとりで何かすることや過ごすことを苦にしません。

私の登山形態は大まかにいえば平日派であるのも、可能な限り人の少ない山を歩きたいからです。ただ歩くだけがいいなら街でもいいわけだし、私は山に行ってまで人にまみれたくありません。渋滞でろくに景色を見られず、写真も撮れないようなら、何をしに行ったのか意味を見出せなくなってしまいます。

体調によってマイ・ペースで歩けるし、不調なのに無理することもなく、時には――それがルール、マナー上好もしいかどうかは別として――気まぐれで回り道や計画外のコース取りも許されます。そして何より、思うがままに自然と向き合い――キザなようですが――対話さえできるような気もします。

私は当初こそリーダーと呼べるような人物に付き添う形で、山を歩いていました。ですが、特に職場の登山サークルが解散する前後を境に、自分で計画し、単独での登山が増えた気がします。ツアー登山に参加したり頼ったりしたことは、一度たりともありません。

屋久島の宮之浦岳を目指した時に、パック・ツアーに申し込んだことはあるものの、それには添乗員もガイドもいなかったし、往復の航空券や宿の手配をツアー会社に依存したのみです。切符やホテルの予約を、自分でするかツアー会社に頼むか、それだけの違いです。山行計画についてもツアー会社が立てたのではなく、登山を含めた島内の観光等に関しては、全くの参加者任せでした。

この年令になってみればこそ、また長いこと山を歩き続けてきた身だからこそ、単独行のリスクや不安に関しては重たいものを感じます。今までずっとケータイは持たずにきましたが、山に入る時くらいはあった方がいいのかなと思うようになり、ましてやいつ山をやめればいいのか、その辺にまで考えが及ぶようになっています。

ただ、少なくとも私の場合には、自分で計画しそれに沿って行動してきて、力をつけてこられたという自負があります。年数と山行回数――つまりは登山歴――からすればベテランの域に達した感もありますが、それじゃあ成熟したかといえばそれは怪しいものです。それでも自分なりに体力・技術・コツというようなものを身につけることもできたし、初心者にある程度の蘊蓄《うんちく》を垂れることもできるようになりました。

10回の単独行よりは、例え人の後ろについていたとしても100回の経験の方がより効果的で意味があるかもしれません。後者の方が、より練習したことになるからです。

けれども、じゃあリーダーとして何人かのパートナーを引き連れた場合と、自分が他者に依存した中の一人だった場合と、充足度はどうでしょう。それはひょっとしたら同じかもしれないし、むしろ後者の方が上回っているかもしれません。

でも、私も何度となく初心者を案内したり、リーダーを任されたことがありますが、遠い将来とまではいいませんが、ある程度先を見据えていない人には（付き合い切れないな）という思いを持たされます。山歩きもしたいし、そのためには道具も揃え、山に行く気は満々です。しかし、他者への依存度ばかりが高く、地図を買うでもなく、自分で立案する気概が見えない。つまりは、料理は習い、それを美味しく食べるけれど、自分で作ろうという姿勢や向上志向には欠けている。そういう人物に何時までも付き合わされるのは避けたいし、果たして彼がどれだけ得るものがあるのか、疑問符さえ浮かんできます。

夫婦といえど、旅は個人のもの。無論のこと人生もそうで、他の誰のものでもありません。だからこそ、自分で考え行動し、作り上げる。それが大切だと思います。

特にスポーツ選手などが何かを人生に例えるきらいがありますが、私は登山を人生そのものだと思ったこと、感じたことはありません。

登山は競争ではないですし、個人個人で考え方や志向が異なっています。プロ・スポーツのように、最終的に勝利や金銭が目的なら別で、登山界でもそれで生計を立てている一部の人は除外せねばなりません。ですが、ピーク・ハンターがいれば、同じ山に何度も足を運ぶ人もいる。花好きの人がいれば、滝や渓流に興味のある人、野鳥や動物に出会うことを目的とする人も存在します。

私に限っても、どんなに努力しても報われないような職場環境と比較しても、登山では頑張っただけの見返りや報酬が得られます。天候に恵まれなければ、引き返して出直せばいい。老いたり死んだりしない限りは、何度でもチャンスがあります。人生と重複するかといえば、私の場合には当てはまりません。登山と人生とは、全くといっていいほど、別物です。

またしても話が逸れましたが、強いていえば、人生はひとり旅のようなものでしょうか。連れのいる旅の楽しさとか利点、価値などというものを否定はしませんが、旅のよさはやはり個人個人がかみしめ、受け止めるものです。少なくとも、自分の得たものを、少しずつでも蓄積できているように思えます。無駄も多かったでしょうが、栄養やエネルギーとして血や肉となったものもあるはずです。

旅をするなら、断然ひとり旅です。絶対とは断言しませんが、最初はすったもんだしながらも、経験を積むごとに骨格、支柱みたいなものが形成されるはずです。それが実力となり、次に、そして将来へとつながって行きます。1回1回、1歩1歩を大事にすることが、鍛練・修養につながるのではないかと、今となってこそ回想できるのです。

小さい工夫

私は最高でも10泊程度の旅しか経験していないので、それ以上長期となる旅について云々することはできません。あるいはまた、海外旅行の経験も3～4泊程度のたった3回しかないので、海外旅行に関しても言及不可能です。ですから、ここでは私の経験の中での話になりあまり参考にはならないかもしれませんが、そこから何か少しでも汲み取れるものがあれば幸いです。

私はここ10年、月平均2回以上の山行をこなしてきました。つまり、年にすると24回から、多い時で30回以上山にでかけてきました。4年で100回に達する計算です。

その中で、年に何回かは九州、北海道などに「遠征」することがあり、そうなると連泊を余儀なくされます。遠方にまで足を運ぶのですから、どうせなら長く滞在し、登山だけでなく南や北の町や名所を巡ったり、御当地の味に舌鼓のひとつも打ったりしたいのが人情でしょう。北・中・南のアルプスにでも入山してしまい、それこそ縦走でもするなら登山漬けになってしまいますが、そうした大きな山行を除外すれば、山以外のプラス・アルファも旅の大事な要素になってきます。
『百名山』完登の最後の一峰となったのは、北海道の後方羊蹄《しりべし》山（＝羊蹄山）でした。ニセコにあるホテルに連泊し、その頂を狙いました。運よく2日目には予定通りに登頂を果たせ、その後も計画に沿って釧路へと移動することになります。釧路では釧路湿原を観光したかったし、テレビでもよく紹介される『和商市場』では『勝手丼』を食べてみたかったのです。

ニセコのホテルというのも、実はこの2年前だったでしょうか、一度予約を入れたものをキャンセルしており、今回借りを返した形でした。利尻島の利尻岳に登頂し、その後ニセコに移動して羊蹄山をも極めようという計画が、天候状況によって頓挫していたのでした。このホテルとはこれ以後も懇意にして頂き、メールをやり取りしたり、知人の新婚旅行の宿として紹介したりしています。

原野の中の一軒宿で、新築間もなくきれいでお洒落。春から秋にかけての暖かい時季にはテラスで食事ができ、貸切風呂からは羊蹄山が望まれます。近所の農家から仕入れた食材を使用した料理もなかなかです。新婚旅行にはもってこいだし、カップルや夫婦にはうってつけで、しかもリーズナブルです。実際私が利用した時も、私以外の2組は新婚旅行で、私の肩身の狭かったこと……全くの場違いでした。

さて、ニセコから小樽経由で札幌に出て、釧路までは特急に乗車しました。帰京するのに釧路空港からの航空券を予約してあったのでどうしても移動だけはしなくてはならなかったのですが、羊蹄山登山が滞りなく済んだため、観光のための1日（移動日などを含めれば2泊3日）ができたというわけです。

札幌から釧路までは、特急でも4時間ほどかかります。それで私が思いついたのは、グリーン車を利用するというプランです。私ももう若くはないので、同じ体勢で長時間いるというのはかなりしんどい。新幹線でも3時間も乗っていれば飽きてきます。それならば、たまの出費もたまの贅沢と思えば、納得、妥協できます。

最近では「節約生活」の特集コーナーみたいなものをテレビで見ますけれど、「もったいない」は確かに大切かもしれない。けれど、余りにケチるばかりでは、逆に人間味に欠けるような気がします。食べたら出すではないですが、金を稼いだら、ある程度は使うことが健全であり、摂理であるように思えます。バスは時間はかかるけれど低料金で、飛行機や新幹線は、料金は高いけれど時間を節約できます。その辺を、自分自身の許容範囲の中でやりくりすればいいことです。何回かはケチっても、その分大盤振る舞いすることがあっていいはずです。

私だって30年以上の勤続年数を数えていますし、たまのグリーン車ならバチは当たらないでしょう。最近では女性の車掌さんも珍しくありませんし、JR北海道でも（たまたまだったのかもしれませんが）彼女等が接客、サービスしてくれました。さすがにアルコール類までは有料ですが、ソフト・ドリンク付きの北紀行でした。

グリーン車に関しては、こんな活用法もあります。箱根は温泉があり、日帰りのハイキングに適した山もあり、私のお気に入りの場所です。近年は酸性雨や温暖化の影響なのか、紅葉が以前ほどは鮮やかではないので残念だし穏やかな気持ちではいられないのですが、ふと思い立ってはでかけて行くこともないわけじゃありません。我が家からだと時間も費用もそれほどかからず、利便性に長けているともいえます。

最近では新宿からの高速バスを使ったりもするのですが、他にもいくつかの手段があり、新宿からだと小田急のロマンスカーもなかなかいい手法といえそうです。同じ路線の急行と比較しても、リッチでゆったりと過ごせます。小田原から東海道線に乗車するにしても、勿論普通に帰ってきても構わないものの、運賃プラス1000円ほど払えば、横浜までグリーン車を利用できます。快速だと1時間足らずの短い路程ですが、座り心地のよいボックス席でビールを味わいつつの、満ち足りた時間と空間です。

日光にもよくでかけますが、往復快速だとお尻が痛くなることがあり、復路はなるべくなら特急『スペーシア』に乗車したいと考えています。特急料金は1500円以内（金額はすべて当時のもの、平日、祝・休日によって多少の差異あり）で済みますし、時間的には快速と大差ないながらも、やはり快適感が違います。夫婦やカップルには個室（1室3150円）もオススメで、写真を撮ったり歓談したり、勿論周囲を気にせずの酒盛りも可能になります。2組4人なら1人頭788円ですから、利用価値はより増大するでしょう。

札幌から釧路までのグリーン料金は6230円ですが、それを高いと捉えるか安いと見るか、それはその人によって評価が異なるでしょう。しかし、つまらないところでケチるくらいなら、ここぞというポイントに思い切りよくつぎこんだ方が賢いように思えるのです。勿論、金を使わない工夫だってあり、そうしたアイデアで、旅はより豊かになると思います。

新年会

以前職場のサークルで、毎年新年会を行っていました。主に登山やハイキングを行う、山岳会モドキとでもいうようなサークルでした。そのメンバーで、年明け1月か2月に、温泉に1泊する旅行を恒例行事にしていたのです。転勤や退職など、会員の減少で会が消滅するまで、10回（年）以上続いたでしょうか。

中でもよく利用したのが群馬県の谷川温泉でしたが、各地の「かんぽの宿」を会場にすることも少なくありませんでした。群馬・四万、神奈川・湯河原、福島・塩沢などの温泉地を我々なりに厳選し、年によって場所を変えるのが常でした。

私が幹事を務めたのですが、慣れないことだけに当初は随分と苦労しました。会員は20名足らずとはいえ、全員が休暇を取れ参加できるよう配慮し、宿の予約や食事内容、あるいは車の手配や部屋割りなど、ありとあらゆるところに気を回さねばならず、新年会を楽しむよりは気疲れしてグッタリする始末でした。楽しみな反面少なからず労苦もあり、慣れるまでは本当に大変でした。

しかも、誰も幹事などにはなりたがらず、そんな連中に限って注文や文句が多い。北にすれば「南がよかった」とか、「この温泉はこんなものか」だとか、親の心子知らず的な言動を浴びせられたこともありました。それでも新年会をするようになってから毎年途切れさせずに続けられたのは、仲間と一緒に行く温泉旅行が楽しみだった以外の何ものでもなく、こうした幹事の経験は、その後の山旅などにも活かされることとなったのです。

一連の仕事をこなすことで、私はそれに慣れていきました。最初は苦手で面倒だった作業も苦にならなくなり、今や（実際にお世話になることも少なかったのですが）ツアー会社など不要なほどに段取りがよくなりました。予定など立てなくてもその場その場で対応し、何を最優先してどう計らえばいいのか、おおよそ身についたといっていいでしょう。

50歳の年には中学校時代の全クラス合同の同窓会があり、私はその幹事を務めるまでに「成長」していました。他の幹事の協力もあったとはいえ、先生・生徒を含め60余名の参加者を数える会を、何とか開催にまでこぎつけたのでした。

あるいは、四国の『百名山』を連続登頂した際にも、私の腕が活きました。先に徳島の剣山に登頂し、その後愛媛の石鎚山にも登ろうという計画です。2人の知人女性を含む4人パーティーで、天候や体調次第では、どうにでも転びかねない。最悪の場合には計画そのものが頓挫する可能性だってあるし、旨くすれば両方をゲットできる。あらゆるケースや状況に素早く対応できるよう、万全の作戦と気構えで臨む以外にありません。

行きの航空券の予約や、徳島に着いてからの鉄道での移動やタクシーの予約に始まり、その時その時で臨機応変さが必要でした。何とか剣山の登頂を果たし、その後はタクシーと鉄道で移動し伊予西条へ。ここにホテルを取り、翌日には石鎚山へ。登山は日帰りで、無事結果を残して下山したら、まずは帰りの松山空港からの飛行機の切符を購入し、伊予西条のホテルで予約を入れておいた道後温泉へと向かいます。天候に恵まれたとはいえ、節目節目で優先項目にしっかりと対応し、これといった失敗や滞りもなく、正に完璧な試合運びでした。

時には気まぐれで、計画とは違った方向へ足を延ばしたり、寄り道や道草をすることはありますが、それも計算のうちです。登山の場合には、計画書と異なる行動をすると、万が一遭難やトラブルなどが発生した時には困りものですが、そうした補助プランもとりあえず添えておき、計画書や頭の中にしたためておけばぬかりないでしょう。

心変わり、もしくはやむを得ない理由や事情で計画変更を迫られたとしても、思いがけない拾いものができることがないとはいい切れません。計画通りに行動していたらあり得なかった事象・現象、そうしたものを自らの手の平で受け止められるかもしれないのです。思いがけない収集物、それが旅の価値を高め、深めるかもしれないし、その旅を輝かせ、彩りあるものに変えるかもしれないのです。

ここ何年か、私自身は10名を越えるようなグループでの旅とは縁が遠くなっています。ただ、身近なところで同じような形態の旅を実践している面々がおり、その様子は私の耳にも入ってきています。彼等はその年毎に幹事を変え、1泊での温泉旅行を計画しています。ごく最近では多少旅慣れた人物が中心になって計画《はなし》を進めているようですが、交通費や宿代など、費用を可能な限り切り詰めるのが前提のようです。

しかしながら、話を聞く限りでは、元々の基本旅費は低く抑えながらも、女性が接客してくれる店に支払う代金や、そこまで行くタクシーの運賃には糸目をつけないそうです。宿は鬼怒川温泉に取りながら、夜には宇都宮までタクシーで行ったこともあったそうですから、「それなら最初から宇都宮に泊まればいいのに」と皮肉をこめて忠告した次第です。

そして信じられないことに、彼等は観光を全くしないことも稀ではありません。いくら温泉に入ったとして、付近の観光名所とか遺跡とか、あるいは由緒ある建物や場所、そういう所に一切立ち寄らないこともあるのです。世界遺産とまではいいません。でも、せっかくその土地にでかけて行くのですから、集合写真の一枚も残せる、後々の想い出話になるようなこともしていいような気がします。

鬼怒川温泉なら龍王峡や日光に寄ってもいいし、石和温泉なら甲府まで足を延ばし、昇仙峡でも見物すればいいものを、彼等は個人個人で、パチンコをしたり馬券を買ったり、普段と変わらぬ行動パターンを取るのです。

詰まるところ、旅とは非日常です。普段と違うことをするから、また違う味があり、刺激にもなる。歩くだけでいいなら、私も渋谷や新宿で済ませます。けれども、山には森や花があり、渓流や、峠や頂上などからの眺望があります。だからこそ重たいカメラ機材を担ぎ、何時間もかけて歩いて行くわけです。それは体力的には大変な労苦ですが、それに取って代わる報酬があります。

旅もそうではないでしょうか。パチンコや競馬をし、飲んだくれて車窓からの景色もロクに見ない。何処も見物しなくても、温泉だけ入れて気のしれた同士で宴会ができればそれでいい。他人の趣味や嗜好、あるいはやり方にケチをつけるつもりはありませんが、私からすると至極もったいない気がします。

彼等がそれでいいというなら、私とてそれで構いません。それで私が損をするのでも、気分を害したり迷惑・被害を被るのでもありません。しかし、私が幹事ならそんな旅は計画しないし、金を払ってまで参加する気にはなりません。普段と同じことをして満足なら、安くない金を出してわざわざ遠方まで行く必要も意味もない気がします。

旅とは非日常ですから、普段なかなか入れない温泉に浸かることは、大歓迎だし重要な要素です。こうしてみると、逆説的というのか、家に温泉が引かれているというのは、健康面では有効で精神衛生上も好もしいかもしれない反面、有難味という点では価値を下げているのかもしれません。より意地悪く考えると、気分次第という側面を加味すれば、温泉の効能を多少なりとも軽減させている可能性だって否定できないとさえ思えてきます。

非日常の中で、朝風呂に浸かって、朝からビールを飲むのもいいでしょう。実際には大して美味いとは思いませんが、普段できないことをする、その意味ではそれもアリでしょう。味はともかくも、普段ではあり得ない怠惰な感じもいい。日常を脱し、適度にハメを外し、違う所や場面に手を出してみる。旅とは、味見のようなものかもしれません。

私の山歩きの回数は、約40年を経て通算750回に達しています。これが多いのか少ないのか、あるいは平均的なのか、それはわかりません。ただいえるのは、新年会の幹事をして、苦労を重ね、それを続けたことが、登山の計画を練る上でも基礎になり、仮に失敗や落ち度があっても取り返せるような地力がついたように思えるのです。

「継続は力なり」といいますが、ただ漫然と続けるのみではダメだと思います。やはり、そこにはある程度の思慮というか洞察というか、そういうものがないと積み重なっていかない気がします。そしてそれが自分の血となり肉となった時、肩肘張らずに自分なりの旅作りができるのかも。気張らず力まず気ままに、自分流を貫くのです。

旅の献立

もう随分と前になりますが、ひとりで遠方まででかけることが、酷くおっくうなことがありました。重たい荷を背負い、何時間も電車に揺られて行く。たったひとりでそんなことまでして山に行きたくない、そう思える時期があり、年にたったの3回しか山行回数を数えない年もありました。

それは特殊な事例としても、2009年には過去最多の30回を上回る山行回数を計上しました。貪《むさぼ》るように歩いた、そんな表現がピッタリでした。山に対する意識とか情熱とか、そういうものも影響しなくはないのですが、3年前に受けたちょっとした手術の後は体力がガタ落ちしていましたので、それが一番大きかったと思われます。自分なりに試行錯誤、工夫しながら、そうすることによって元の体力を取り戻そうとしたのです。要は、実地トレーニングです。

もっとも、50歳を過ぎればそう簡単にはいきません。若い頃ならすぐに回復したかもしれませんが、今では体力を落とさず、現状を維持し、せめて低下させないようにするのが精一杯です。右肩上がりに向上させるためには死にもの狂いな努力が必要になり、かえって無理がたたり、思いがけないケガや病気につながり、下手をすれば命さえ落としかねません。心筋梗塞、クモ膜下出血など、そんな不意の災いだって降りかかりかねない年代です。

思うところあって、3000メートル峰に上がってみるのも一案だと考えます。3000メートル峰の酸素量は平地に比較して希薄なため、そうした場所に行くことで体が少しは元気になりはしないか、そう思ったのです。過去にも、そうした実体験をしていたからです。

計画した山行は運悪く悪天候に阻まれ、実際に3000メートルを上回る頂には立てず、八ヶ岳連峰の最高峰である赤岳（2899メートル）に立つのがやっとでした。しかも、その後も体力が元通りになることにもつながらず、私の淡い期待も風に吹き消されたようなものだったのです。

ただ、全く光明が見えないかといえばそうでもなく、初老にまで達してみると、どうも燃費がよくなるようです。少量の食事でも、人並みの活動や体力の維持が可能なのだそうで、それは私にも実感できました。ご飯のお替りをすることが滅多になくなり、肉よりは野菜が中心になってきます。

無論焼き肉だと肉が主役ですし、すき焼きにしても野菜ばかりでは物足りません。ですが、意識して多くの種類の野菜を摂るように心がけもするし、体がそう欲しているようにも思います。若い時のようには体を動かさないし、その分食事の分量が減って当然で自然です。それでも体はまずまず動いてくれ、仕事だけなら特に疲れたり体力が持たないわけでもない。車とは違い、少ない燃料で「走行」が可能なのです。

ただある時に気づいたのは、登山の場合には、やはりある程度食べた方が元気さを保てるのではないかという一面です。何の確証もなく、たまたまなのかもしれないものの、前日や当日の朝にしっかり食べておくと、急降下していた体力がいくらかは持ち直す手応えを何回かは感じ取ったことがあります。普段は食べない量を口にできると、思っている以上に調子がいいことがあったのです。

そもそも、元気の二大要素は、睡眠と食事でしょう。他にもあれこれと要素はありつつも、これを外すことはできません。登山は体力勝負ですから、しっかり眠ってきちんと食べる、これが基本でしょう。食べ過ぎない限りは運動するわけですから、メタボを気にする必要もありません。

最近では山小屋の食事も、なかなか評価できるものとなってきています。アウトドアが、屋内でできることを屋外でも可能にするのとは違うように、山で豪華な食事を出すようなマネはちょっと筋違いのような気もしますが、美味しく内容の充実した食事を山小屋でも味わえるようになってきています。登山ブームとはいえ、山小屋も商売であり、競争も激化しているといえそうです。あまり下界に近づけるのも問題ですが、登山客が快適な空間を山小屋に要求しているのも否定できず、太陽光発電などの近代設備がそれを可能にしてきているとも考えられます。

山小屋でどんな食事が出るのか、楽しみであるとともに、時にはガッカリさせられることもないわけじゃありません。ただ、ビジネス・ホテルにせよ、街中や駅近くにベース・キャンプを設けられる場合には、話が違ってきます。ひとりでの遠出を敬遠しがちだった頃からしても、今では食事そのものが旅の楽しみともなっています。

必ずしも大都市とはいいません。地方の中堅都市や、それこそ寂れた町にも、掘り出し物がないわけじゃありません。ありふれた食堂とか定食屋、ソバ屋やラーメン店、最悪コンビニでもイケ弁（イケテル弁当）を置いてあります。

空港内や主要駅の周辺、あるいは新幹線の駅に近ければ、おおよそのものが揃っています。和・洋・中に、焼き肉店や飲み屋など、時には何処で何を食べるか迷うことさえあります。それまでこれを食うぞと腹に決めていながら、その場で心変わりすることだってあります。

1回の旅で1軒ないし2～3軒の、これならまあ許せる以上の店を確保できれば、自分にとってばかりではなく、知人や友人にも紹介でき、それで歓んでもらえればそれに越したことはありません。登山の場合にはそういう店舗を開拓するというのは容易なことではないにしろ、（またこよう）という店にぶつかれば、旅の奥行きが広まったような気にさせられます。宿にしてもそうですが、これぞという食事は旅の演出を手助けし、印象を深める重要な要素でしょう。いわゆるB級グルメであっても、全然構いません。

今や、ひとり旅も苦にならず、単独での食事もそれこそ味わい深いものとなっています。これにしても成長した証でしょう。今日は何を食べようか、連泊であったら尚更に構想を練りつつ、それでいて旅をかみしめているこの頃です。

旅のよき友

25年ほども前でしょうか、何年振りかで家族揃って妻の郷里である佐渡に帰省しようとしたものの、事情で妻との休暇が1日ズレてしまい、私だけ後追いする形となりました。しかも、出発当日には持病の偏頭痛が発症し、結局は2日遅れの出発を余儀なくされるという鈍い滑り出しでした。

妻と子供達を見送った後、元々は尾瀬に寄り道してから佐渡入島するつもりでしたが、それが発作のお陰で体力も気力もすっかり萎えてしまいました。ただ、佐渡へ直行も術ないと考え、せめて何処かの温泉へ1泊しようと思い立ちます。

群馬県の谷川温泉や湯ノ小屋などの上越線から入れる温泉名も想起したものの、新潟県側の尾瀬の入山口の道すがらとなる大湯温泉に落ち着きました。

早朝6時に上野を発つ鈍行から何度か乗り継ぎ、小出からのバスでこれといったアテもなく大湯へと降り立ちます。3、4年前の帰省の帰路に尾瀬に寄り道した際に通過した温泉地で、詰まるところは「品定め」といえるでしょうか。

生ビール付きのブランチも済ませ、宿もみつかり、昼・夕・晩とお湯も堪能し、私に独り身の寂しさは微塵もありません。バッグの中には3冊の本を忍ばせてあり、この旅の、車内、船内、待合室、妻の実家、あるいはそのすぐ目の前の海辺で、読書の機会をタップリと持とうという算段だったのです。

上越線の旅は、上野から新潟まで、2日がかりで全線を走破することになったし、妻の実家に着いた翌日には2冊目を読了してしまいました。折しも新潟県は、特に本土側の上・中・下越地方に大雨・洪水警報が出るなどし、佐渡でも一時は雷鳴や激しい降雨に見舞われ、子供達も海に入るどころではなく、せめて私には望む通りの夏休みでした。

持病のことは、決して頭から離れません。ただ、のんびりとし、この年のテーマであるような読書も進み、美味い物や空気を体内に取り入れてそこそこ整然としたリズムで生活して、体力も気力も蘇り（尾瀬に行って行けないことはなかったか……）と思いました。

大湯温泉からの越後駒ヶ岳や、大佐渡山脈への山旅が早くも脳裏に形造られていることは、その何よりの証拠だったでしょう。

ただひとつ、私には足りないものがありました。本です。

否、本が足りなかったのではなく、3冊ではなく4冊にしなかった私の思慮が不足していたのでした。帰路に就く前日には3冊目を3分の2ほどまで読破して、本当ならもう少し読めたものを、翌日のことを考えて意図的に読み渋ったのでした。両津港から新潟港までのジェット・フォイル（高速船）での1時間分を、やりくりしたというわけです。

再びひとりで旅路に就いた私は、ジェット・フォイル船内で3冊目を読み終わり、新潟駅近くの本屋で帰りの新幹線で読む分を購入するという作戦を練ります。駅に程近いビルの1階部分の一隅を利用した個人経営らしい書店で、店内を10分ほど物色したでしょうか、これぞという本がなかなかみつからず、焦りました。

しかし、文庫棚の一角に、私の趣味に合う1冊が目に留まったのです。しかも、500円という安さです。

新潟〜東京間2時間の『マックス』の旅は、弁当を食した後、花が添えられたようで明るく華やかで、豊かでした。あまりにも速く、トンネルも多く、列車での旅は時間が短縮された分中身が軽薄になったようにも思えます。本当は「ジェット」ではなく「フェリー」に乗りたい気さえあったのです。

本は旅の道連れでありよき友です。行く先々、旅先や果てで、たまたま買い求めた本も、私にとってはいい土産になってくれるのも、また味があります。

気ままに、でも的確に

計画を立てるということは大切ですし、特に大きな山行となれば尚更です。山域によっては、登山口で半強制的に計画書を提出させる所もあるくらいで、その必要性や重要性を私なりに心得ているつもりです。連泊での遠征や縦走ではＰＣでそれを作成することが決まり事になっているし、日帰りのハイキングなどでもおおよそのコース取りなどをメモし、リビングの冷蔵庫のドアに貼るようにしています。

計画書は、イザという時にこそその存在意義を発揮させます。何もなければ、ただの紙くずで終わります。でも、計画そのものは、どうでしょうか。旅や山行の度に計画を立てるようにしていると、それが積み重なって、自分に力がつくように思えます。少なくとも、それを保存しておけば、もしまた同じ場所に訪れるようなことがあれば参考にはなるはずです。

特に山では、地図とにらめっこしながら、Ａ地点からＢ地点までどれほどの時間がかかり、体力の消耗度はどうだろうかとか、水場があるのかないのか、危険度はどうなのかなど、自分（達）の力量・実力と照らし合わせながら無理のない計画を練り上げていく。それが実戦に活きればそれでよし、間違っていればば次回には修正すればいいのです。これを繰り返すことによって、自分の身とし血とするのです。例えばリーダーがいる場合でも、計画書をもらったら地図で確認してみて、自分の単独行のケースを想定してみるのも面白いし効果的かもしれません。

時には歩行時間の総合計を計算間違いし、シッペ返しを受けることもなくはない。そういう反省は反省とし、繰り返さないようにします。泊まる予定だった山小屋が事情で営業していないとか、そういうハプニングが山行中に突然発生することもあり、最悪の場合には山行を続行させられないことだってないとはいい切れません。念には念を入れ、事前に確認するのも怠らない方がいいでしょう。今やネット社会ですから、そうした情報も入手し易いといえるでしょう。

ある程度山で鍛えられると、一般的な旅ではかなり手が抜けます。もし危機が訪れても警察や救急車を電話1本で呼べるし、疲れたらバスやタクシーに飛び乗ることも可能です。バテバテだろうが身体の何処かが痛んでも、山では自力で降りてこなければ終わりません。仮に何等かの手助けを必要としなければならなくなった場合、もしかしたら高額な費用が必要な事態にも陥りかねません。町中だったら水分にしろ酒にしろ、食料だって衣類だって、手に入れるのに多大な苦労はしないで済むでしょう。

それに、普通の旅であったら、計画も柔軟で大雑把なものでいいはずです。おおよその柱を設け道筋はつけつつも、気まぐれや急な方向転換も、禁じ手にはなりません。山ではしてはいけないこと、ひょっとしたら命を落としかねないような急展開も、下界では往々にして許されます。その一例・好例となるのかどうかは不明ですが、私の経験が活きた、機転が利いたと思われる話をここで挙げてみることにしましょう。

5泊6日という日程で、九州の旅を計画します。前半の3泊で熊本の黒川温泉、そして後半の2泊は大分の湯布院温泉に泊まるという旅で、これだけだと単なる温泉旅行です。実をいえば、九州本土の最高峰である九重山と湯布院のシンボルである由布岳を目指す山旅であり、どうせなら温泉をベース・キャンプにしてしまおうという欲張りな発想でした。

双方とも過去に登頂の経験はありましたが、再登頂を決意したのにはそれなりの理由があります。九重山に限っていえば、前回には天候に恵まれたとはいえない山行で、九重(久住)山というピークには立ったものの、この連峰の最高峰である中岳には立てずじまいでした。なもので、今回は最高点に立つことを最重要視していました。

また、由布岳ですが、こちらも前回とは違うルートを辿ること以外に、九重山にも通じるある目的がありました。というのも、前回の由布岳登山の時にも利用した湯布院温泉のとあるホテルで、その従業員の方に「初夏には山が真っ赤になる」と吹聴されていたのです。

真っ赤といっても、初夏なのですから、無論紅葉ではありません。九州には、九州でしか見られないツツジが、この時季に咲き誇ります。『ミヤマキリシマ』で、この花が満開になったその時こそ、山全体が真っ赤に染まることがあるのです。私はそうした光景・瞬間を写真でしか目にしていませんから、それを実際に自分の目で見てみたい、写真に撮りたい、そう思ったのです。天候や体調が悪くても、この2つの著名な温泉地でグダグダしていたとしても元は取れるはずでした。

九州入りした2日目にはいよいよ九重再挑戦となりましたが、前回同様の空模様となり、深い霧と強風で呆気なく断念することになります。それでも3日目にはこれ以上はないという好天に恵まれ、中岳登頂を果たすとともに、前回とは異なるルートを辿ることができました。ただ、この年には桜が開花した後に低温状態が続き、ミヤマキリシマの開花状況が芳しいとはいえませんでした。それなりに咲き、それなりに満足・納得はしましたが、標高の低い方の由布岳に期待を持ち越す格好となりました。

体調も天候も、何とかなりそうな手応えでした。ただしひとつだけ、課題といおうか、この山旅の付加価値部分として付け加えておきたいプランがありました。大分県の日田市に廣瀬資料館という施設があり、私の中学校の恩師の学友がそこの関係者であったので、そちらにも足を延ばせればと考えていたのです。

登山がメインの旅とはいえ、もう一味加えることができたら、儲けものです。最終日には大分空港へ直行するしかなく、となれば猶予は2日です。そのうち1日を黒川温泉から湯布院温泉の移動に充てるとなれば、残る1日は由布岳登山に取られる。そうなれば日田へ足を延ばすことは不可能になり、味つけは果たせないことになってしまいます。

当初黒川温泉から湯布院温泉の移動にはバスを利用するつもりでいましたが、早朝に出発することができれば、その日のうちに由布岳に立つことが可能です。バスだと早くて午前中の11時ですから、それ以外に方法があればいいことになります。

黒川温泉の宿で朝食を済ませたその直後にタクシーに乗れば、その日のうちの由布岳登山が可能でした。事前にタクシーの料金を確認し、自分なりに踏ん切りもつけました。

連れでもいたら費用を分担でき、もしも妻が一緒だったら尚のことよかったものの、時と場合によっては大枚はたくのも必要かもしれません。北海道の幌尻《ぽろしり》岳遠征の時にもそうでした。目的を果たすための他の手段がなければ、選択肢はないのです。

黒川を発ったら湯布院のホテルまで直行し、余分な荷物を預け、コンビニで買い出し。その足で登山口へと向かいました。それでも13000円で収まり、今回は最短コースで山頂を目指しました。

　ミヤマキリシマの開花はここでも最盛期とはならなかったものの、せめて及第点には達したかという自己評価でした。夕刻にはホテルまで下り、今さっき自分が立っていた由布岳を見上げつつの湯浴みは、実際に体験した者だけが味わえる、金銭価値には換算できない充足感です。

　翌日には迷うことなく日田へ、鉄道マニアではないながら久大本線に初めて乗車することにもなり、レトロな街中を体力に任せて歩き回ることもできました。名物だという焼きそばを生ビールとともに味わい、廣瀬資料館でも有意義な一時を過ごすことになりました。

　タクシー代の13000円に加え、電車賃や日田でのタクシー代など、それなりの出費は避けられませんでした。それが高いか安いか、私だって決して安いとは思いません。私とて庶民であり、親からの援助や高額な遺産を受け取ったわけでもなく、普段の生活の中でやりくりし、登山や旅をするために切り詰めて自分流を貫いている。ただその中で、経費と自分の満足度とを天秤にかけ、推し測っているのです。それに、ここで語りたいのは金銭のことではなく、旅の進め方です。

　気まぐれ、大いに結構です。計画通りに進めることも大事かもしれませんが、そのまんまでないこともまた良しです。旅の途中で、違う引き出しを出すことで面白くもなり、一味加わることにもなる。芝居のように、演出ひとつでどうにでも転ぶ可能性がありま す。旅において、演出家は自分なのだと深く自覚しておく必要があるのかもしれません。

京都こぼれ話

菊花賞

　1993年11月の初旬から中旬にかけて、京都を中心とした西への旅へと出ました。友人であるA君宅やホテルをベース・キャンプとし、京都、奈良、あるいは鳥取の大山山麓にも来訪しました。7泊8日にも及ぶ旅程は、私が体験した中でもかなりの長旅です。

　夕方仕事を終え、ざっとシャワーを浴び、近所の寿司屋に頼んであった折り詰めを手に、新幹線に飛び乗りました。パチンコ屋ばかりが目立つ夜の東海道を駆け抜け、A家に辿り着いたのは夜の9時過ぎだったでしょうか。それからすぐにA君と連れ立ち、近所のスナックへと向かいました。彼の知り合いの店で、他にも彼の顔なじみが何人か集まっていました。

　店内の話題は、2つに絞られた格好です。ひとつは翌日開催される菊花賞のこと。そしてもうひとつは、A家からほど近い商店街に出没した野生のイノシシのことでした。

　いくら盆地とはいえ京都の中心地ともいえるような場所にイノシシが出ること自体驚きなのですが、確かこの時には商店街の店番をしていた女性が襲われ、軽傷を負ったとか。テレビのニュース番組でも取材にきて、ケガをしたその当人がインタビューを受けた場面を録画してあり、それを店内のテレビで再生して盛り上がっています。

メンバーの中の一人が翌日に馬券を買いに行くとのことで、普段ギャンブルをしない私も、旅先での気楽さからか便乗することにしました。せっかく京都まできて、どうしてもすべきことではないかもしれませんが、これが的中でもして少しでも旅費の足しにできれば、御の字でした。土産話や話のネタにもなり、旅行中気分が悪いはずもありません。

本命狙いで大して稼げないのも面白くなく、20～30倍程度の中穴を3通り買いましたか。A君の知り合いに3千円を託し、仄かな期待を胸に翌日は市内観光に繰り出しました。

けれども、欲をかいても、そう旨いことといくはずもありません。所詮はギャンブルです。私を含めて的中者はなく、イノシシのようにはいかなかったというこぼれ話でした。

京都の柿

友人も住んでいながら、京都は通い慣れた街ではありませんでした。別に嫌いというわけではなく、どちらかといえば好きに違いなく、例えば外国人に紹介するとしたならば真っ先に薦めたい日本を代表する街だと思っています。

とはいえ「そうだ……」と思いつく以前に、特に経済面を考慮せねばならず、仮にでかけたとして、登山のついでに立ち寄ることが主でした。中学・高校の修学旅行で訪れて以降、私が京都にきちんと対峙した機会はほとんどないに等しいのです。

２００９年の暮れ、長男が入籍するに至りました。式は翌年の秋に海外で執り行なうという段取りで、それではとりあえず親同士顔合わせをしようかということになりました。相手のお嬢さんが大阪の方だったので、「どうせなら京都で夕飯でも」ということで、私が以前利用したことのある湯豆腐の店を予約しました。

会食の予定は、夕刻です。妻も修学旅行以後京都とは縁遠かったので、この際京都観光ももうひとつのメインに据えてしまおうと目論みました。勿論妻も乗り気で、行った日は夫婦で、翌日には息子夫婦と４人で市内を巡るおおよその計画を立てました。

仏野念仏寺《あだしのねんぶつじ》は是非訪れたかった寺だったたし、天龍寺、南禅寺、東福寺などを巡り、新顔の『娘』をも伴っての楽しく、想い出深い旅になりました。（いずれ孫でもできれば……）その時にはその手を引いてまた京都を歩きたい、そう思わずにはいられません。

初日、祇王寺《ぎおうじ》から嵐山へと歩く道すがら、冬の陽を浴びた明るく広々とした畑に不意に出くわします。その傍らには和服を召した女性の姿もあり、タイム・スリップしたかのような奇妙な気分にもさせられましたが、そこに建っていたのが落柿舎《らくしし》でした。１月も末だというのに沢山の柿が残り、枝が折れそうに重たげで、そこにメジロが多数たかっています。

もう20年にもなるでしょうか、私には忘れ得ない京都の想い出があります。冒頭でも少し触れた友人宅などをベース・キャンプに連泊で滞在し、京都、奈良、山陰方面を周遊した旅でした。

旅が中盤にさしかかった頃、東京から友人が後追いしてきて、彼が道連れとなります。貴船から一山越えて鞍馬へと至り、昼食を済ませてからはまた徒歩でさらに大原へと向かいました。この辺りは東海自然歩道とされてはいるものの、舗装道の占める割合も低くはなく、カメラ機材で軽くはない荷も加担して、次第に足腰に疲労が溜まっていきます。

もう大原も目と鼻の先となった頃合いだったでしょうか、登山姿だった私達が物珍しかったのでしょうか、ひとりのおばあさんが声をかけてきました。手には庭でもいだという枝つきの柿が握られ、「よかったら、途中で喉が渇いたら食べなさい」とそれを手渡してくれました。

水戸黄門の時代ならいざ知らず、今は何処にでも自販機があり、その柿は私達にとって特にありがたいものではありませんし、メジロのように飢えているのでもありません。ただ、ほんの小さな心遣いと旅先でのこうした出会いが、長かったこの旅に彩りを添えてくれました。そのおばあさんが現在もご健在なのか、それさえわかりません。おばあさんと何処かですれ違ったとして、顔も忘れてしまっては素通りするのがオチでしょう。ですが、30年近くが経過した今でも、おばあさんと柿のことは忘れていません。

柿の鮮やかな色と光沢、それはそのまま私の脳裏に刻まれているような気がします。結局その柿を食することはありませんでしたが、この話とともに友人宅への土産となったのです。落柿舎での一時が本当にタイム・スリップさせたのは、私の心であったのです。

新京極再訪

幸か不幸か、私は中学、高校の修学旅行で京都を訪れています。今となってはそのようなパターンを歓迎するものの、当時には決してそうは思わなかったはずです。思い返しても大した想い出は浮かんでこないし、残した写真の中のほんの数枚が、辛うじて残像となっている程度です。

中学生の時、旅の終盤だったでしょうか、新京極で土産を買う時間が設けられていました。新京極は簡単に説明すればアーケードの設けられた商店街で、土産物店、衣料品店、飲食店などがひしめき合っています。四条通りと三条通りの間、すぐ東には河原町通りがあり、京都市内随一の繁華街の一角といっていいでしょうか。お隣には寺町京極という同じような商店街が並行してあり、これまた有名な錦市場も隣接しています。

この年になって、この地域を歩き回ることを、旅の楽しみのひとつとできています。土産を買うこともあれば、晩ご飯を食べる店を確保するために徘徊することもある。それとは別に、目的もなく見物するだけのこともあります。

往時ですが、中学3年といえば、血気盛んな連中もいなくはありません。修学旅行ならば、他の学校の生徒だって少なくない。中学生だけでなく高校生もいることだし、気をつけていないとぶん殴られたり金を脅し取られたりする、そんな噂も囁かれていました。

当時からマジメだった私は、学生服の詰襟をきちんと留め、何人かのクラス・メートと固まって歩きました。中には相手校《ライバル》に負けじと、真っ先に木刀を買った者もいましたが、結局は何のトラブルも事件も起きずに済みました。私は自宅用の土産にと漬け物とお茶を買い、中学生なりに京都気分を味わったのかどうなのか。

ひとりとぼとぼと新京極を歩いていると、少年だった自分が向こうから歩いてくるような錯覚が起こり、幻影が見えなくないかもしれない。まあ、あり得ない話ですが、たまにはこんな無駄話を織り交ぜてもいいかもしれない。少し誇張するなら、大した記憶が残っていないながらも、ちょっとは懐かしい気だってするのだから不思議です。

いずれにしても、京都は大人の街なのだという気がします。遠足や林間学校のように、修学旅行やツアーにも否定的な私がいうのもなんですが、大勢で闊歩されては他者はたまったものではありません。ハッキリいって、迷惑以外の何ものでもないのです。修学旅行にも得るものがない、全くの無駄だと断言する気はありません。

ただ少なくとも、京都は大人の街でしょう。大人になったからこそ、その魅力を理解でき、噛めば噛むほど味が出てくるような気がします。同じ自分ではありながらも、往時とは全く別物の、違う足で歩いているようにも感じられます。

旧き京都の旅

　1993年11月6日から13日までの7泊8日で、京都を中心とした関西の旅へとでかけました。

　京都には、友人のA君が在住しています。

　彼は元々は、我が家の近所の床屋さんで修業のために働いていた人物で、すでに一人前となり、この2年半ほど前に実家がある京都に帰り、現在は自ら理髪店を営んでいます。

　A君や、私の幼馴染でもある彼の奥さんに、京都に遊びにくるよう何回か誘われたし、私にだってその気は大いにあったのです。

　ただ、2~3泊にせよ、京都へでかけるということは特に経済的な面で何回かの山行を諦め、捨てなければなりません。京都には是非ともでかけて行きたいものの、それは同時に苦痛でもあったのです。

　しかし、この年には保険が満期になります。

　前回の満期の時にはP社のロード・レーサー・タイプの自転車を購入していますが、

今回はそれを全て京都旅行につぎこむ所存でした。そして、どうせならせっかくなので、日曜から次の日曜まで休暇を取り、思う存分に京都で過ごすことにしたのです。

京都は中・高の修学旅行で2回訪れて以降、縁遠い町でした。でも現在ではA君の住む町であり、何時か再訪することがひとつの確信となっていました。決して、JR東海のCMに乗せられたわけではなかったのです。

春先から秋には京都を訪れる計画を立て、寺社仏閣巡りのみならず、北山を日帰りで歩くつもりでした。修学旅行ではバスや計画に引きずられ引っ張られるように京都、奈良を巡りましたが、今度は自分の目や足で京都に接したいと思っていました。

1日にひとつだけでもいい、1日にいくつもの場所を見て回るよりは、ひとつひとつをじっくりと凝視《みつ》めて、あわよくば何かを確かめられたりつかんだりすることができたら……それは多分理想か、ええかっこしいだから、もう何でもいい、とにかく自分流で京都を歩いてお酒を美味しく飲める店のひとつでもみつかったら、それでいいことにしよう。それで儲けものだし、ほんの少しだけでも京都が自分のものになる。

あまり力むのも私らしくない。私は情熱的ではありません。私はただ京都へ行けばいいだけです。京都にはA君がいて、1週間もそこにいたら、嫌でも何かが起きるはず。ぜいたくはいいません。何か美味しいものを2つか3つ食えたらそれだけだっていい。

とにかく待ち遠しい日々でした。北山ハイキングのおおよその計画も立ち、どんな旅になるのか楽しみでもあり、いやいやただただ楽しみでした。しかしながら、それが現実とならない限り、本当に京都に行けるのかどうか、不安な、もどかしいような気分でした。

第1日となる11月6日（土）仕事から帰ってそそくさと入浴し、近所の寿司屋に頼んであった「にぎり」をバッグに忍ばせる。数日前、すでに宅配便でザックや衣類、それにA家の土産用に酒類を送ってはいるが、結構な荷物だ。

京都を訪問するのが久方振りなら、東海道新幹線に乗車するのもそうで、それだけでワクワクした。上越新幹線の方が、揺れが少ない気がする。夜の東海道では、パチンコ屋ばかりが目立った。

京都に着いてタクシーを利用した。運転手のオジサンは、さすが関西人という感じで気さくだったが、やけにスピードを出すので、正直いって怖かった。初め、京都は道幅があるから、そのせいかと思ったのだが、裏道に入ってからもそうだった。A君の奥さんに聞くと、京都ではそうした傾向が強いのだそうだ。

11月7日（日）朝一番にA君に散髪してもらい、さっぱりしたところで神戸へと向かう。私は二度の修学旅行で京都、奈良にはきているが、それ以西には行ったことがなかったので、とりあえずはその（つまらない）記録を更新しておくことにしたのだ。

四条河原町から、阪急電車に初めて乗った。最初六甲山に行ってみようかと思ったものの、時間の関係で取りやめた。手近なところで、三宮の町をブラブラすることにし、駅前の喫茶店で軽いランチをしたら、元町方面へと歩く。

人ごみに歩き疲れ、早々にA家に戻ることとなった。そしてこの夜からは、A一家と鳥取の大山《だいせん》へと向かう。大山北麓にはA家の別荘があり、2泊3日の旅に同行させてもらえることとなっていた。私は西への旅路をさらに延ばせることになるし、A君達は私に年賀状用の写真を撮ってもらいたいらしかった。

11月8日（月）この日には大山に登る気でいたが、朝から雨模様で呆気なく断念となった。午前中近所を散策し、昼頃から境港へと向かった。魚市場で、夕食の鍋用の食材を買いこむ。水揚げされたばかりの魚介類をたっぷり仕入れ、豪華な鍋となった。夕方には露天風呂にも浸かれ、何となくダラダラしてはいたが、のんびりできたし「美味しい」1日だった。

11月9日（火）今朝も、雨こそ落ちてはいないが、風の強い寒い朝だった。大山もガスって見えず、無理をしてロクなことはないと大山登山は見送ってしまう。せっかくザックを持ってきたし残念ではあるものの、またくればいいことだ。こんなに西まできたのだし、それだけで気が済んでいる。

午前中に大山寺まで赴き、午後からはアスレチックで遊ぶ一家に付き添い、すっかり専属のカメラマンとなった。帰る頃になって青空が広がり始め、大山の頂上に被さっていた雲も消えかけていた。中国道からの大山は、私に初めてその全容を見せてくれた。

11月10日（水）この日は東京から友人のS君が合流する日である。春先からおおよその計画が立っており、先発の私の後を追い合流し、北山を一緒に歩く話がまとまっていた。

S君は夜行バスで京都入りするため、朝7時にA家に電話してもらう約束だった。彼からの一報があったのは7時20分で、夜行バスが少々遅れたこともあったが、すでに最寄り駅まできているという。慌てて仕度をし、今日は登山姿での京都徘徊となる。

駅前で朝食を買い、通勤・通学の人々を眺めながら、高野川の土手でそれをほおばる。空気は少し冷たいが、明るい陽射しには温もりがあふれ、高野川や周辺の景観にも何となくだが京都らしさを感じる。

後日A君と酒を飲みながら聞かされた話だが、賀茂川（高野川と合流した後、鴨川となる）も最近はゴミが目立ち、ガッカリだという。花火大会などの人出のあった後には、決まってゴミの山なのだそうだ。

叡山《えいざん》電車に乗り貴船口へ、今日はここから鞍馬を経由して大原まで歩く。駅から貴船川沿いに遡ると、以前テレビで観たような京都らしい料亭や宿が並んでいる。S君に促され、せっかくだからと貴船神社に立ち寄り参拝して行くことにし、そのお陰で山本晋也氏（通称：山本監督）に偶然遭遇した。

貴船から鞍馬へと山道を辿り、鞍馬寺前の店で関西風のうどんをすする。店内ではしきりに関西弁が飛び交っている。

鞍馬からは再び山道へと入るが、薬王坂を越えると間もなく舗装道となる。今日の行程上にはピークと呼べるようなピークはないが、このルートは「東海自然歩道」であり、夜行バスで京都までやってきたS君の体調を考えたら、あまり高低差のない方が無難に思えた。しかし、舗装道の割合が高く、それは足腰への負担が大きいので、かえって山へ登ってしまった方がよかったかもしれない。

舗装道を歩き続けると、足裏は痛いし、足首やふくらはぎ、あるいはヒザに負担を感じる。自分自身の体重、ザックの重量、それに着地時のショック、それが山道のようには吸収されず、そのまま自分の体にはね返ってくる。長いこと歩いていると、腰までおかしくなってくる。

鞍馬と大原の間に静原という町がある。小高い山に包囲された山合いの静かな町で、高い建物はせいぜい学校くらいなもの。そのほとんどが二階建てか平屋で、その家々の大半が黒っぽい瓦で統一されている。東京や、勿論京都の市街地もそうだが、変にザワついたところがなく落ち着いている。山の緑が占める割合が高いことも影響しているのかもしれないが、こういう平面的な町の在り方は、人の心に平静を与えそうな気がした。

大原のバス停は長蛇の列で、座れないとわかると1台見送る人もいた。我々は再び市中へと戻り、A君の奥さん紹介のホテルにチェック・インとなった。A君に尋ねて、近所のお好み焼き屋に夕食に出た。お好み焼きといえば広島や関西の名が思い浮かぶが、その店のそれは至ってオーソドックスだった。普段自宅で食べているものと変わりがなかった。焼きそばは、とても美味かった。帰りがけに鴨川のほとりで、屋台のタコ焼きも食べた。これが関西風なのかという感じは特にしなかったが、満足、満腹だった。夜行疲れでウトウトするS君を横目に、私は初めてプロのマッサージを頼んだ。

11月11日（木）今日は京都・北山の入門として、その盟主的存在といえる愛宕山《あたご》を目指す予定である。が、朝からの雨である。愛宕山ハイキングの方はあっさり流案、近くの喫茶店で朝食を済ませた後、相国寺《しょうこく》、同志社大、京都御苑を巡る。雨とあって人影も少なく、御苑では傘もささず歩く外国人さんと軽く会釈し合うほどよい距離感と空気が存在している。

京都駅に出て、山陰本線で保津峡駅へ。本来ならばここから清滝まで歩き、そこから愛宕山を目指すはずだった。私の希望でとりあえず保津峡見物にきたものの、京都駅から230円、20分の所にこれほどの自然景観が存在するとは、ホトホト感心してしまった。

駅から見下ろす保津川を川下りの船がゆったり下り、その両岸は険しい谷となっている。保津川に架かる橋はそのまま駅のホームとなっているが、それをダムに置き換えたら、ここは京都の黒部峡谷ともなりそうである。京都駅からほんのわずかな距離にあるここは、人工物さえ目に入らなければ、正に秘境である。

東京なら渋谷から山手線に乗り、東京や池袋辺りにこの景色が存在することになる。そう考えたら、本当に驚くべきことだ。市街地の目と鼻の先に、この大自然、別天地があるとは、私にしてみれば、丹沢や奥多摩の替わりに立山連峰があるようなものだ。

あいにくの雨の上に、今日の私はスーツ姿というういでたちである。しかしS君の発案で、ここから清滝まで、せっかくなので歩いてみることにする。何しろ、ここには空腹を紛らわす何かの店どころか、駅前広場と電話ボックス以外、一軒の人家さえない有様なのだ。

小雨の中をトボトボ歩き、絵図版のある所から清滝へと折れる。そこから清滝への道はやはり東海自然歩道で、時間にして20分ということなので、私の今日の格好でも何とかなるだろうと妥協と期待をした。保津川に流れこむ清滝川沿いの道で、保津峡に比べたら小じんまりはしているが、ここも美しい渓流だ。

清滝に着く頃には雨も上がり、淡霧に煙る清滝や周辺の山々、紅葉が美しく、そして京都らしい風景を見せていた。京都駅へと戻るバスは次第に混雑し、嵐山で途中下車する気も失せてしまった。嵐山といえば以前A君が「昔とは変わってしまった」とこぼしていたが、タレント・ショップやら何やら、今風の店が並んでいる。おそらくは、私の修学旅行の時とはかなり様変わりしているはずだ。京都ホテルが高層化して京都の景観を損ねるとされているようだが、この嵐山にも同様のことがいえるのかも。

S君はこの日の夜行バスで東京に帰るのだが、そのバスの出発場所がわからず、京都駅八条口に探しに出向いた。S君は「夜行バスはもうこりごりだ」という。昨日にも盛んに愚痴をこぼしていた。こっちへくる時、彼のすぐ後ろの席に変な奴（説明すると長くなるので、ここでは省く）がいて、そいつのお陰でほとんど眠れず、随分と不快な思いもしたらしい。温厚で人がよくおとなしい彼がそうなのだからよほどおかしな奴だったのだろう。私の場合には、金で時間を買った。

一旦ホテルにチェック・インし、いい店はないか再度A家に尋ねた。すると、昔『宝塚』にいたようなオバさん2人がやっている飲み屋があり、わざわざ電話で予約してくれた。今出川通りから少し引っ込んだ所にあるカウンターのみの店で、最初は私達だけだったが、席は次第に埋まっていった。

白米にアジの干物、山芋短冊、モツ煮こみ、湯豆腐等に、2人でビールと熱燗を2本ずつ飲み、今日も満足の夕食だった。昨夜も今夜も特に京風料理、味というわけではないが、どちらの店もまた京都にきたら立ち寄りたい店である。

S君と別れホテルへと戻ると、今日はこちらにきて初めてとなるひとりきりの夜だ。スポーツ新聞の風俗関係の広告にも気を引かれるが、慣れないことはしない方がいいだろう。下手をしてガッカリしたりつまらないことに巻きこまれたりするのは、こんな旅先ではより不快なものとなる。

深夜になって、またマッサージを頼む気になる。前日とはまた別のオバサンで、最初から話が弾んだ。私は背も高い方だし、最近では結構肉づきもよくなったし、1回（40分）では（マッサージ）し切れないそうなので、ダブル（2回）にすることにまとまった。

とにかく色々な話をした。母子ほどに年齢が違えば住んでいる場所も違い、勿論今夜初めてついさっき出会ったばかりなのに、まるで旧知の仲のように話しまくった。2回目も終わりに近づいて、まだ話し続けていた。何だか名残惜しいとなりトリプル（3回）にすることにした。金もないわけじゃなし、それだけオバサンの収入も増えるし、何よりもっと話してみたかった。もっと年が近ければ尚よかったが、それでも楽しい夜だった。

11月12日（金）その後私が寝付いたのは深夜2時頃の事で、目覚めたのは10時だった。幸いチェック・アウトは11時でもいいとの事で、楽しかった余韻が慌てることで薄れずに済みよかった。

私が京都で過ごせるのも残すところ2日だけとなった。楽しく私なりに充実した日々を過ごしてはきたが、全般的に寝不足であり、かなり歩き疲れている。特に舗装道を歩くことが多く、体は重い。とりあえず朝食を済ませ、金閣寺へ。過去2回の修学旅行では訪れた事のない金閣寺には、荘厳かつ華麗なイメージを抱いていたが、一度焼失しているためか、金閣そのものは安っぽく張りぼてのようで、少なからずガッカリした。

バスで京都駅に出て、遅い昼食後は奈良へ向かうことにした。運よく快速に乗車でき、初めて経験する路線で、初めて見る車両や風景も何もかもが楽しく、子供の頃に経験した旅のようにウキウキした。

奈良の町は小ぢんまりして整然とした町だった。駅近くには小ぎれいな店が並び、古都のイメージとはまた別の今風の顔を見せている。歩いて興福寺へ、国宝殿等を見て回る。しかし、午前中には陽射しさえあったのににわかに曇って暗く、風も強くなっていた。例の如く歩き疲れ、あまりのんびりできない時刻ともなっていた。

東大寺や法隆寺にも足を運びたかったが、今回は仕方がない。奈良は小ぢんまりしていて歩き易い町（のよう）だし、歩いて寺院巡りが可能なのがいい。またいつか、ゆっくり歩いてみたい。

帰路は近鉄線を利用した。今夜は今回の旅の最後の夜であり、A君のご両親と初めて食卓を共にした。私にとってはそのことのみで嬉しかったが、すき焼き風の汁でうどんや菜っ葉を煮て、そこへ牛肉を入れてしゃぶしゃぶ風に食べるという鍋も、しつこくなくとても美味だった。A家風京都料理というところか。

就寝前にA君と飲みながら話した。0時近くなって奥さんも心配していたが、久し振りに差し向かいでゆっくり話ができた。

それにしても、京都ではバスでも電車でも、整列した順に関係なく乗車しているのには驚いた。それで当然のようでもあり、習慣のようでもあり、人々は平然としており、やはり人口が少ないせいなのだろうか。東京では考えにくいことだし、少し奇異だった。

けれども、本当はこれくらいが普通であり、こうでなければいけないのかもしれない。空間的にも精神的にも、これくらいのゆとりがあるべきなのかもしれない。

11月13日（土）とうとう最終日になってしまった。

今一度市内観光する気がないでもないが、それにしては空模様が頂けない。この時季にしては空気が生温かく、今にも雨がきそうである。いつ降り出してもおかしくない。宅配便で荷物を送り返し、わざわざ雨の中を歩きたくはないし、歩き疲れが残っていて、総合的に考えたら早いとこ帰った方がよさそうだと、簡単に結論を出してしまった。

1週間以上もこっちにいると、関西弁がそれなりに身につくものである。比較的、関西の人は東京に馴染みにくいが、逆に東京の人は関西に馴染み易い気がする。少なくとも、関西人は人懐っこい気がする。言葉の響きも心地よい。

言葉といえば、最近「ら」抜き言葉が問題視されている。

言葉は情報や意思を伝達するものだから、わかり易い方がいい。その意味では、ある程度の単純化、簡素化は許されていいかもしれないし、あながち悪い事とはいい切れない気もする。

ただ、人間の内面的なものを伝達する手段、方法としては「ら」抜き言葉はリズムや響きが悪いように感じられる。美しさに欠ける気がする。日頃無意識のうちに私も使ってしまう事があるかもしれない。しかし、できれば私自身は、少なくとも自身の文章の中では使用を避けたい。関西弁は、角が取れて滑らかな耳触りである。

東海道新幹線からの景色は、意外と変化に富んでいてなかなかいいものである。ほとんど絶え間なく小雨が車窓に滴を流しており、富士山にもお目にかかれなかった。それでも「こだま」に乗車した分、各地域の景色を堪能できた気がする。

終わってみれば、本当に呆気ない日々ではあったが、また京都を訪ねられればと思う。

京都は、いい町である。

富士山や尾瀬には、日本を代表する自然景観として、日本人の心に何かを訴え、及ぼす姿や響きがある。

そしてやはり京都にも、日本人の心に心地よく響く余韻がある。京の都――長い歴史を刻み、風雅な文化を生み、残したこの町の名を耳にする時、日本人の心には優しささえこみ上げる。日本人にとって、これほど優しい町の名、響きが他にあるだろうか。

その意味では、日本人の心や文化の原点のひとつは京都にあり、日本人にとって最も美しく尊い町なのかもしれない。そして、京都にはA君が住み、私の心のどこか一部分は、そちらの方を向き、気にしている。

この7泊8日の旅は、確かに呆気なく、旅立つ前の想いからすれば、たった今浮かび上がってきた泡が、次の瞬間には消えてしまったようなものだ。だが、その泡の中に封じこめられていたものは、私にとっては何にも替え難い旅の出来事、想い出であり、その泡のように簡単に消え去ってしまうものではない。

この先、5年、10年、20年経って、この京都の旅が私にとってどれほどの想い出であり、どんな意義を持つのか、何の確証もない。それに、いずれまた訪れたい次の京都の旅では、今回以上に楽しく、充実した日々を過ごせるかもしれない。私にはそういう意欲さえあり、今すぐにでもでかけて行きたい。ＪＲ東海のＣＭのように、思いついた時に、気軽にでかけられたら、どんなにかいいだろうかと思う。

秋の京都はとても美しかったし、自分の目や足で確かめたその町は、私の期待にたがわず、素晴らしい印象を与え残してくれた。

勿論、Ａ家にお世話になったことは、何にも増してありがたいことだった。図々しくも、すっかりお世話になってしまった。そのことの裏返しで、本当に忘れ得ぬ旅であったことの証明かもしれない。何もかもが嬉しく感じられ、訪れた甲斐があったとかみしめられる日々だった。

その京都の旅は、もうすでに終わった。それでも、このちょっとしたセンチメンタル・ジャーニーは、今も私の中では続いている。

※これは当時書き残した文章に、添削を施したものです。

東福寺見参

長男坊の結婚相手のご両親との顔合わせで京都を訪れ、夕食を共にしました。緊張することもなく自然に接せられ、楽しい一時を過ごすことができました。私が以前に立ち寄ったことのある店でしたが、おそらくは全員がその味や雰囲気を堪能できたはずです。

この日はそのまま散会となりましたが、翌日には息子夫婦と4人で京都市内を巡りました。断続的に小雨が降るあいにくの空模様でしたが、前日に引き続いての市内観光はいいものでした。やはり私の知っている店でランチをし、ついつい昼間からビールや熱燗を酌み交わしてしまいました。

ほろ酔い加減のままタクシーに乗りこみ、向かった先は東福寺でした。義娘の母上のオススメの寺だということでしたが、正直いえば私にはあまりピンとこず、期待はしていませんでした。実際に自分の目で見てみないと何ともいえないし、他人がいいと思っても自分の好みに合うかどうかはわかりません。何がどういいのか疑心暗鬼のままながら、東福寺来訪は娘の要望に沿う形だったのです。

東大路《ひがしおお》通りで降車した我々は、小雨の東福寺界隈をゆっくり歩いて行きました。そうして臥雲橋《がうん》にさしかかった時、私は小躍りさえしました。

私は京都や奈良で、複数の巨寺、大伽藍を目にした経験がありつつも、そこからの景観はこれまでにない絶景だったのです。

臥雲橋の下には小川が流れ、それを包みこむように樹林が生い茂っています。季節柄その木立は色彩的には精彩を欠いてはいるものの、その向こうには清水寺の舞台を連想させるような通天橋が架かっています。山形県の山寺を京都に持ってきて、そこに奥行きを加えたような感じとでもいいましょうか。

境内がひとつの山や渓《たに》を成していて、そこに通天橋が架かって他に類を見ない景観となっている。巨大な本堂や庭園も有し、京都の名刹《めいさつ》のひとつといって間違いありません。新緑や紅葉の時季にはさぞかし見事だろう、（私のウデ、実力の問題は別としても）いい写真が撮れるのではないか、血が騒ぎました。

臥雲橋から眺めた景観、それこそが私の心に京都に対する想いに火をつけた、そう評して過言ではないでしょう。また京都にくる、そう誓った瞬間でした。春にも秋にも、必ず再訪する、永い眠りが覚醒したとでもいいましょうか。

この後には東福寺からほど近い芬陀院《ふんだ》（雪舟寺）にも立ち寄り、小さいながらも乙で趣のあるその佇まいと雰囲気にも惹かれ、私の記憶に刻まれることとなります。

この旅の締めくくりとなった東福寺ですが、私にとっては京都の新たなスタート地点ともなったのです。

歩く京都

2010年1月に長男坊の入籍に関係して京都を訪れるまで、京都に面と向かって接したことはほとんどありませんでした。1993年に7泊8日の旅を経験して以降は、回数が少ないのもさることながら、登山のついでだったり、登山基地（ベース・キャンプ）として宿泊するなどの「通過点」に過ぎなかったように思います。

福井の荒島岳、滋賀の伊吹山に連続登頂し、その足でオマケ的に京都に立ち寄った。あるいは奈良の大台ヶ原、大峰山に遠征するのに、京都に宿を取るなどしました。鳥取の大山から岐阜の恵那山に移動するのに、単に経由地としたこともありました。

1月の京都来訪で、私は京都に目覚めたということになるでしょう。東福寺との初対面もさることながら、京都には好みの被写体が多く潜んでいると発見、確信したのです。もうひとつ付け加えておくならば、この3年前の手術で体力が落ちていたことも、少なからず影響しているのかも。

あれ以来、一般ルートならどんな山でも平気で歩いていたものが、そうではなくなっています。体が重たく、息も苦しい。ペースも落ち、疲れが鉛のようにのしかかってもきます。その点、夏場はともかくも京都なら楽に歩け、お気に入りの写真も残せる。登山は辛くても、京都ならまあまあ楽チンだったわけです。

2月に日帰りで再訪し、3月から7月までは1泊以上で月2回のペース。実は6月は1回だけでしたが、この時には2泊しています。1月の時点である発見があったのですが、それというのも「京都は歩いてこそ味がある、あるいは出る街だ」という一面です。暑い時季はそれに適さない部分はありながらも、歩くことで、より多くの拾いものが可能な街なのです。

京都の寺社仏閣、あるいは庭園などは魅力的ですが、それが全てではありません。例えば寺と寺の間を、タクシーやバスで移動するのは、暑い時季であれば賢いかもしれません。最近ではレンタ・サイクルも流行りらしいですが、これだと「雨が降らない」という絶対条件が必要になってきます。

山でもそうですが、ゆっくり歩いていると、色々なものが目に入り易い。セカセカ歩くのとそうでないのとでは、大違いです。ピーク・ハントが目的なら別ですが、のんびり歩くことで花々や虫、鳥や獣の姿が自然と視野に入ってきます。それは京都でも同じで、メインや目的の寺院や店や、それのみではない思いがけない収穫があります。絶対とは断言しませんが、その確率は高いはずです。

例えば裏道で、決して派手、華やかではなくても、渋いもしくは乙な土塀があったりします。祇園にしたって、裏通りで洒落た暖簾《のれん》や店構えに自然と足が止まり、思わずカメラを構えたりもします。私にしてみれば、被写体の宝庫といったところです。

3月下旬の3連休の2日目から1泊で京都に出向いた時、こんな記録を作りました。

早朝の新幹線で京都に着いた後、真っ先に向かったのは東福寺でした。それから、泉《せん》涌《にゅう》寺、三十三間堂、智《ち》積《しゃく》院と巡り、それから祇園へと向かいました。連休中とあって道路は渋滞、バスもかなりの混雑で、人通りにしてもハンパじゃない。（これでは歩いた方がいい）と開き直るしかなく、東大路通りを黙々と北上して行きます。救急車でさえ自由の利かないような状況の中、途中のコンビニでビールを買い、店の脇でおにぎりをほおばり、空腹を満たします。

祇園でも海外からのツアー客や学生など、酷い人混みです。そんな中、石塀小路から産寧坂を抜け、七味屋で土産用の七味を仕入れます。それから「ねねの道」を過ぎて円山公園、知恩院を通過、やがて平安神宮へと辿り着きます。その中の神苑《しんえん》（庭園）を巡った後、無鄰菴《むりんあん》、永観堂、南禅寺。さすがに歩き疲れ、空腹感もあり、野村美術館近くの路上で軽四に道具を積んで商売しているたこ焼き屋で一息つきます。ビールがあったらいうことなしでしたが、これが遅いランチでした。

庭園内や堂内など一部を除いてほとんどが路上歩きでしたし、足腰が悲鳴を上げ始めていました。足裏はすでに熱を持ち始めており、マメができかけ、さらには皮が剥けそうな段階にまで達していたかも。それでもなお踏ん張り、哲学の道に入って銀閣寺を目指します。

銀閣寺への参道を上がって行くと、散々歩いた右側に、オバサン2人が営んでいる生八橋の店があります。とある知人に教えてもらったのですが、通常対角線で折り三角形をしている生八橋が、この店では単に2つ折りにした長方形をしているのです。しかも、機械に頼らない手作りです。この時には数が足らずしばらく待つことになりましたが、私がこの店にきた経緯や世間話をしつつ、お茶をごちそうになりながら過ごしました。

銀閣寺前まできてさすがにしんどくなり、体力(足裏の痛み)も気力ももう限界でした。朝8時半にJR東福寺駅をスタートし、午後の4時でした。さすがにへこたれ、タクシー乗り場から向かったのは、四条通り沿いの予約してあったホテルでした。へたりこむようにベッドに腰を下ろし確認すると、足の裏には大きな水膨れができています。登山でも経験のない巨大ダムで、登山靴との違いもあれば、靴下を2枚はいていないこともありそうです。しかし、最大の要因は地面が硬いということでしょう。

少し休んだものの、意を決します。夕食を取らねばならないし、ついでにもう一仕事しようと考えていたのです。まずはホテルに近いソバ屋で空腹を満たし、それから再び祇園へと歩きました。祇園ではライト・アップがされており、それをカメラに収めようとしたのです。後でわかったのですが、祇園界隈のライト・アップはこの日が最終日で、私は運よく最後のチャンスをものにできたというわけです。滑りこみセーフとはこのことでした。

足裏の水膨れを庇いつつも、かれこれ2時間ほどの歩行延長だったでしょうか。この日の総合計歩行時間は、休憩を除外したとしても、軽く8時間を上回っていたでしょう。下手をすれば9～10時間に達していたかも。京都の大伽藍は、そこを巡るだけでもかなりの時間と歩数を数えます。それに加え、京都駅の南から銀閣寺までを踏破したのです。最短距離なら大したことがないかもしれませんが、少なくないポイントを巡り巡ったのだから、総歩行距離は下手なハイキングよりは勝っていたはずです。

さすがに翌日にはこれほどは歩き回りませんでしたが、体力とは恐ろしいものです。ただ、またマメができるようではいけないし、京都用に新たに靴を購入しようかという考えが頭の中で回転し始めていました。

京都は私にとって、歩く街です。さすがに夏場は遠慮・敬遠したいものの、歩いてなんぼです。寺社仏閣や名所をただ巡るだけでは得られない、予期せぬ、あるいは大きな拾いものや掘り出しもの、めっけもんがみつかるかもしれない。

ただの裏道にしろ、何の変哲もない住宅街にしろ、私はカメラを首に気を抜くことなく歩きます。辺りをキョロキョロと見回し見落としのないよう、集中します。他人にとっては何でもないもの、何気ないものが、時として宝物にも見えたりします。京都は被写体の宝庫だとすでに書きましたが、歩いてこそであり、それが私流なのです。

水の都・京都

京都は四周を山々に取り囲まれた盆地であり、大河こそないながら、美しい川がいく筋も流れています。鴨川、宇治川、白川、天神川、高瀬川、呂川、律川など、私がすぐに思いつくだけでもこれだけあります。さらには琵琶湖疏水もあり、この水を巧みに利用した庭園や仕組みもあるようです。

市内のホテルでたまたま見ていたテレビでも、京都盆地の地下は硬い岩盤となっており、地下水が貯まり易い構造になっているとも報じていました。これだけでも、京都は水の都といえるのではないか、そう思います。

私は2010年の1月に京都再訪を果たして以降、その魅力にとりつかれています。気に入った写真を楽に撮影できるし、美味いものも食べられる。登山のように最後まで頑張らなくてよく、疲れればすぐにコンビニに入れ、タクシーにも乗れます。

京都は宗教色の強い町です。それに関係してかどうか、独特の文化も育まれ、街にはありとあらゆる色彩が溢れています。多様雑多な色が集まっているといっていいかもしれない。そうしたものが相まって、私の好む被写体になってくれます。

それである時、だからこそ京都には曇天、あるいはむしろ雨が似合い、写真を撮るにもそのような天候が適しているのではないか、そうひらめきました。例えば桜が満開の時などは、曇りや降雨よりも、晴天の方が華やかさや艶やかさが強調され、桜と青空のコントラストも捨てがたい。

ただ、それ以外となると、曇りや雨といった天候時の弱い光が、それぞれの色をよりよく引き出し、どの色が突出することなく全ての色が平均的に表現できるように感じられます。躍動感を出すには好天が好もしく、外せない条件かもしれませんが、京都に限っては微弱な光線がお似合いなような気がするのです。

勿論好みもあるでしょうから、一概にはいえないかもしれない。しかしながら、長い歴史を刻む和の街ならではこそ、しっとり感が欠かせないと思うのです。これはある意味では水の似合う街ということでもあり、京都の美しさは水に支えられるといっても過言ではないと思うのです。

ある意味こじつけかもしれませんが、西陣織や伏見の酒造りにしても水が関係しているし、鴨川や貴船などの川床も例外ではないように思います。寺社仏閣にしても、雪景色が乙で風流ならば、雨だって同じなんじゃないか。山でも雨や霧が必ずしも風景を台無しにはしないように、それは京都にも通じていると思います。弱く、やわらかな光が、京都らしさをより引き立て醸し出し、よりよく演出してくれているように思われます。

花が呼び、山が呼ぶ

避難小屋の一夜

通常、山小屋というと、2種類に大別されると思います。1つは、地方自治体や個人経営者が経営・管理し、管理人や従業員が常駐して食事や寝具を提供しているパターン。北アルプスや尾瀬などの人気の山域では登山者の数が多いこともあり、大規模で設備が充実した小屋が少なくありません。

最近では太陽電池を設置した小屋が増加傾向にあり、生ビールやかき氷、アイスクリームなどを販売しているケースもあります。北アルプスの白馬岳にある白馬山荘は日本一の規模を誇り、山荘内のレストランにはシーズン中には一流シェフが駐在し、地上と変わらない料理を提供しているそうです。これは極端な事例としても、一般的な旅館等と遜色ない食事を出す小屋は徐々に多くなってきていると感じます。安達太良山のくろがね小屋、那須岳の三斗小屋温泉、九州は九重山系の法華院温泉山荘など、温泉に浸かれる山小屋も少なくありません。

これに対し、避難小屋という名称の山小屋が全国各地に存在します。こちらはおおむね管理人・主人といった類の人達が常駐してない形態で、無論食事や寝具を持参せねばなりませんが、テントを担いで行かなくていい分楽かもしれませんし、悪天時に幕営するよりは遥かに快適でしょう。地方自治体やその地方の山岳会等が建て、管理しているケースがほとんどと思われます。

私が経験したのは日光白根山、鬼怒沼湿原避難小屋、吾妻連峰の西吾妻小屋、屋久島の高塚小屋などがありますが、どれも重たい荷物を担いでの登山でした。しかし、普通の山小屋では味わえない山の気を味わえるというか、なかなか乙な雰囲気があります。

最近では付近を流れる川や沢がし尿で汚染される等の問題が深刻化している例がありますし、登山客の利用マナーも取り沙汰されてもいます。中にはトイレすらない小屋もあり、スコップが備品に含まれ、それで掘った穴で用を足す、そんなことも経験しました。

私がしる限りでは、その名前からして緊急時に利用するための施設であって、通常はなるべくなら利用しないで済ませるのがベターなのだと考えています。ビバーク（緊急露営）といって、天候の急変や体の変調により、キャンプ指定地以外でやむなくテントを張らねばいけない場合に、そうした小屋を利用するわけです。あるいは、登山客が少なく、管理人等を配置しておけない山や山域に、安全のためにそうした形態の小屋を建てておく。いわばシェルターみたいなものでしょうか。

そんな避難小屋に何度か宿泊した中に、忘れがたいこんな一例があります。場所ですが、東京近郊のある低山とだけ記しておきましょう。友人と私の3人で、普通は日帰りするコース・行程を、わざわざ避難小屋で1泊するという計画で歩きました。3食分の食料に水、シュラフ（寝袋）、カメラ機材、酒類、着替え等、ザックのショルダー・ベルトが肩に食いこむ重量でした。あまりの重たさに、例え冷えていなくても飲みたかったビールをザックに忍ばせるのを諦めたほどでした。

けれども、思惑通りに小屋は我々の貸し切り。暗くなってからはランタンを灯し、レトルト・カレーなどの簡素なメニューながら腹を満たし、各自が持参した日本酒、ウィスキーなどを酌み交わしました。とりとめのない話に花を咲かせ、夜が更けるに連れて酔いも回りました。

自宅にいればまだ飲み続けている時間にシュラフに入り、一旦は眠りにつきます。しかし、夜中に目が覚めてしまい、どうやら友人達も起きている気配。「起きてる?」と聞けば、「飲み直そうか」。再びシュラフから出て、またしても酒を呷りました。翌朝に酒は残らず、下山してから立ち寄り温泉に浸かって帰宅した覚えなどがありますが、山歩き自体の印象は、この避難小屋での一夜に比べれば印象の薄いものです。

わざわざ進んでやることでもないのでなかなか再現・再演はできていませんが、今となってはあんな一時、一夜をまた過ごしてみたい、そんな気が膨らんできています。

大人の遠足

私の登山歴もいよいよ40年になろうとし、通算の山行回数も750回を上回りました。それが最高・最大の目標ではなかったものの、一応は『百名山』の全山制覇も果たしました。まだまだ未熟ながら、年季だけはベテランの域に達したかなと思います。

そんな中、おそらくは10年ほど前からでしょうか、私にはひとつの疑念というのか、どこか納得のいかない想いが湧いてきていました。それは時間が経つに連れ、年を重ねるごとに大きく膨らみ、新聞投書という形で結実しました。

2009年6月の朝日新聞に実際に掲載されるに至ったのですが、おおよその内容は「遠足や林間学校、あるいはツアー登山の類は、一過性だがオーバー・ユースであり、山のマナーにも反している」というものです。

それからしばらくして、7月の中旬には北海道の大雪山で8名という死者を数えるツアー登山の遭難事故が発生しました。私はこの事故のほぼ1年前、単独でこのルートを縦走したことがあります。しかも、この事故と全く同じルートを辿り、同じ場所に宿泊していたのです。

後日ある友人には「先見の目があった」と評されましたし、小学校の教師をしている中学時代の同窓生からは、微妙な心中を明かされもしました。大雪山の事故はある意味象徴的で、極端な例だといえると思います。起こるべくして起こったながらも、これ以外の多くは大した事故や問題にならずに済んでいます。天候や体調次第では、私だってどうなったかはわかりません。

大きな事故やニュースにはなっていないながら、東京の高尾山でも遭難事故は少なからず発生しているといいます。ミシュラン・ガイドで3つ星の観光地に指定されてからは、それこそ恐るべき数の登山客が訪れるそうで、それだけ事故やトラブルの発生件数が増加して当然でしょう。最近でも九州のとある『百名山』で海外のツアー登山集団に遭遇し、いずれ何らかの事故や問題が起きるのではないかという懸念を抱きました。

こうした事実や実情を目の当たりにすれば、私でなくともそうした形態の登山に警鐘を鳴らしたくなるのではないでしょうか。そういう観点から、ツアー登山や遠足・林間学校の登山が岐路にさしかかっているのではないだろうか、そう提言したのです。

高尾山に限らず、日光やかの九州でも、小・中・高の大集団に遭遇することがあります。登山のマナーからいえば、あいさつするのは常識となっており好もしいかと思いますす。ですが、特に登りでは息も切れ切れで、大勢にあいさつするのが大変なこともありがちです。

あいさつはいいことだし、それを否定する気はありません。ただそれが、例えば私にとって負担になっては困りものです。私は悪者になるのを覚悟で、そうした集団を無視して顔を背け、目を合わせないようにすることさえあり、余分な体力の消耗を回避するのが常になってきています。時には同伴・引率している教師に、「あいさつはされた場合にのみした方がいい」と進言することさえあります。

現場としてはこのような行事を通じて教育的、あるいはそれに類する「何か」を子供達にもたらしたいのでしょうし、行うことそのものに意義を感じているのかもしれません。

けれども、そうしたから、一体何がどうなるでしょうか。中には学校生活で1番の想い出となる生徒もいるかもしれないし、何も得られないとは限りません。しかし、じゃあどれだけの収穫があるのかといえば、私にいわせてもらえば大したことはなさそうです。仮に感動しいい想い出になったとして、むしろ周囲の迷惑の方がより大きいような気がしてしまうのです。

自然と触れ合うのが好きもしく、いいことにせよ、それは家庭に任せておいていい気がします。自然と向き合うのは、私は大好きだし、草花や山そのものと対話しているように感じることさえあります。ですが、大挙して押し寄せるのは山のマナー違反であるよりむしろ、それはもう自然ではないのです。自然の中の、人工です。遠足などの行事が意義や目的を失い、教育現場のエゴや自己満足になってきているとしたら、それこそ問題です。

私は遠足や林間学校というものを、全否定はしません。できればやらないで済めばそれに越したことはなく、少なくとも方向性を見直すなどして欲しいと願望しているだけです。最後に、いい話も添付しておくことにしましょう。

やはり高尾山での出来事です。下山態勢に入り、途中の沢筋でヤマルリソウをみつけ、暗いながらもレンズを向けていたその時でした。上方から賑やかな声が聞こえてきたかと思えば、間もなく小学生の隊列が押し寄せてきました。私は撮影を中断し、彼等が行き過ぎるのを待ちました。

やがて潮が引くように静かになりかけると、隊列の最後尾の数人の子供達と一緒に歩くことになりました。ふと見ると、草陰にリスの姿があり、私はその子等にそっと小声で教えてあげました。すると彼等は、しばし足を止めては、仲間内でリスの居場所を教え合い、リスの姿を懸命に目で追っていました。

その後のことは、私にはわかりません。それでも、他の生徒達と一緒にそそくさと歩き去ってしまった子よりは、ひょっとしたら有意義な一時、出来事だったかもしれません。もしかしたら、帰宅後の夕食の時、家族に「遠足でリスを見た」と話したかもしれない。そのことを、生涯長いこと忘れないかもしれません。そう妄想を膨らませると、私としても悪い気はしませんでした。

この後私は、岩の割れ目から湧水が滴っている場所で足を止めました。小さな水溜りができていて、その奥の方の岩陰、あるいはその周りの草むらからなのか、カエルの声が響いているのです。私と同年代の単独の男性も気になる様子で、「何処にいるんですかねえ、わかりませんねえ」などとしばらく会話を交わしつつ、小さな洞窟の中を覗きこんだり、草むらのあちらこちらを見回しました。高校を卒業する間際、（もう勉強はいいかな……）と思いましたが、大人になってからの遠足は、私の心を豊かにしてくれている気がします。

お花見列島・日本

日本の国土の特徴といえば、南北に長く、そのおよそ7割が山岳・森林だという点でしょうか。勿論、南米のチリのような長大さはなく、ヒマラヤ山脈やアンデス山脈などのような壮大さもありません。

しかしながら、日本が位置する中緯度の地域というのは、地球規模で見てみると、多くの地域が砂漠などの乾燥地帯となっているそうで、日本のような非常に湿潤なあり様は極めて希少なのだそうです。これには偏西風、それにヒマラヤ山脈の存在が大きく寄与・関係しているそうで、日本に梅雨があるのもそれ等が主要因となっているといいます。

その結果、四季の移ろい・メリハリが比較的顕著となり、同時に豊富な植生をもたらしています。日本の紅葉が世界屈指と評されるのも、これに起因しているのです。赤や黄、茶以外にも、針葉樹や照葉樹などの緑も配分され、互いに引き立て合うわけです。

高山植物といわれるものは、どんなに多く見積もっても2000～3000種でしょうけれど、野草、それに樹木を合わせるとなると、おそらくは5000～6000種にも及びそうです。こうした植物の多様性、あるいは固有性は、世界屈指とも評されているようです。

そんな日本には「お花見」という文化とも呼べそうな習慣があり、私の記憶が間違っていなければ平安貴族もたしなんでいたとか。一般的なお花見というと専ら桜に限られるわけで、古《いにしえ》の昔はどうだったかはしりませんが、最近では花見といえば「飲食を中心とした宴」というのが実体のように思えて仕方がありません。悪くいえば、花を愛でる風流なものではなく、バカ騒ぎする場・行為という印象ばかりが強まっているような気さえします。

私も登山はするのでアウトドア派の一員ではあるでしょうが、正直いうと外で飲食するのが好きかというと、そうでもありません。バーベキューであるとか、キャンプであるとか、そういうものに対する思い入れが全くないのです。登山用のテントやコンロは持っていますが、そうしたものには縁がありません。

やる以上はゴミなどの後始末まできちんとしたいし、そうなると、散々飲酒した挙句に片づけをきっちりこなすのは、私にとってはひどく面倒な作業です。飲み屋から酔っ払った状態で帰宅するのも面倒で回避したいのに、ましてやバーベキューや花見でもありません。勿論、登山中はレトルトのカレーやカップめんなどで腹を満たすことはありますが、それはあくまでも必要性に迫られてのことです。

ただ、花見をしないかというとそうでもなく、その形態がちょっと違っているということでしょうか。例えば、花を愛でるのではなく、宴会の方に重きがきている現代の花見ではなく、私の場合には花の写真を撮る、それも桜に限ったことではないという具合なのです。勿論、撮影を終えた後、あるいは一段落した時点で一杯やることはありますけれど……。

世界的にも珍しいこの日本の風土、それは奇跡の列島ともいえそうです。桜ひとつとってみても、最も早く開花する地域と、最も遅く開花する地域とでは、平地に限っても1ヶ月以上もの時間差があります。仮にソメイヨシノに限定しないとなれば、一年中何処かで何らかの花が咲いているのですから、日本は花好きにはたまらない「お花見列島」だとはいえないでしょうか。

私も花目当ての山行を計画することがあり、それは九州や北海道であったり、新潟や、時には首都圏の低山だったりと、その季節・時節に応じて目星をつけ、カメラ片手にいそいそとでかけて行くのです。時にはカンやアテが外れることもありますが、そういう場合には出直すのが常です。それは次週であったり翌年であったり、時には何年か経って雪辱を期すこともある。私は諦めが早い方でしょうが、その辺は貪欲です。

これでもし私に財力と時間があったなら、一年中花見をして歩くはずです。冬でも温暖な所はあり、夏の高山では足の踏み場もないくらいに高山植物が咲き競う所もあります。本当に、歩くのがもったいないほどの艶姿です。春の花も華やかでいいし、秋の花にもそこはかとない趣がありいい。高山植物や絶滅危惧種だから貴重で美しいとは限らないし、道端に咲く雑草にだってきれいで心惹かれるものがあるものです。

こうしてみると──改まって感慨にふけるまでもないのですが──日本列島の花見の旅は、金も時間もかかる、結構壮大な旅ではないでしょうか。

思い立ったが吉日〜「考える」話

2007年6月、徳島県にある剣山にでかけました。単なるピーク・ハントでは味気ないと思い東京を早朝に発つ飛行機を利用し、頂上ヒュッテに宿泊する計画としました。夕食も終え、食堂で寝酒をやっていた時です。すでに真っ暗くなった午後8時過ぎのこと、一組のカップルが登ってきたのでした。小屋の方と挨拶したり、常連とはいえないにしても、何度か足を運んでいるような感じです。とりあえずは席に着き、お茶や温かい食事にありついています。

私も登山を始めた往時には、随分と無茶や非常識なことをしていたので他人のことはいえないものの、彼等の行動はあまり褒められない、一般的な常識を逸脱した登山形態といえるかもしれません。ただ、これには裏事情というか伏線があり、(こういう登山もあるのだな)と、結果的には納得したのでした。

そのカップルは午後3時頃に徳島市内を車で発ち、そうしてこの時間に山頂ヒュッテまで辿り着いたのです。彼等はここで、天体観測、つまりは星を見るために上がってきたというのです。

男性の方がかなり星に詳しく、手には大型のマグ・ライトが握られています。それは登山にも必要なのでしょうが、もうひとつ、大切な役目があります。それを空に向けて星を指し示すと、空気中の湿気（水蒸気）がその光を反射するのか、光芒がその星めがけて伸び、まるでプラネタリウムの緑色の矢印のようにその星を射当てるのです。

初夏とはいえ、２０００メートル近い山上では酒の酔いも手伝ってか寒かったものの、彼の解説にしばし時を忘れて久方振りの天体観測に興じた次第です。それと相前後して歓談する機会にも恵まれ、愉しく、そして想い出深い時間を過ごしました。

２人との会話の中で彼女の方が「思いつきできた」と話しましたが、私はそれに即座に反応し、それでいいのではないか、何事もやらないで後悔するよりは、まずはしてみることが大事だ、そんなことを口走ったと記憶しています。

確かに、登山の常識とか鉄則からすれば、明るいうちに山頂まできて、その上で星を眺める、そして翌日明るくなったら下山するのがベターでしょう。彼等の場合には何度かの経験があり、いくらか場慣れしたと推測できる。それに、ここでは彼等の行為そのものを云々したり言及しようというのでもありません。

私がいいたいのは、考えることはとても大事だが、考えるだけでは勿論いけない。全然考えのないのは最もダメですが、それは配慮や他者への思いやりを欠き、判断力や方向性を伴わないからです。考えることに時間をかけていると、時間が足らなくなることもある。特にスポーツをする上ではよくわかると思いますが、ボールや相手がきた時に、それにどう対処するのか瞬時に判断しなければどうにもならないわけです。

しかしこれは、スポーツのみならず、日常生活や人生においても同じようなことがいえるように思えます。瞬間的な判断は必要とはしないかもしれないけれど、考えることは絶対的に必要で、あまり考え過ぎるのは負の作用を及ぼすような気がします。当然個人差はあるでしょうが、思慮のない人や生活、人生設計などはあまりにも動物的過ぎるといいたいのです。

自然界には争いはつきものだし、同じ種の中にもそれはあります。獲物の獲得、縄張り争い、子孫を残すための凌ぎ合いなど、本能に基づき従った行動ばかりが目につきます。ですが、そんな彼等も、思考する部分が全くないわけではないようです。それも本能だとすれば身も蓋もないですが、愛情とか恐怖心があるからこそ、とことん争わないで済むのだそうです。どちらかが瀕死のケガを負ったり死んだりするまで闘わず、最悪の事態を回避できるというわけです。

こうしてみると、人間の場合に置き換えても、考えることはブレーキになりそうです。

ただ、私が思うに、考えることはブレーキになるとともに、アクセルにもなるのではないかという感じがするのです。

剣山のペアがどのように「考え」ていたのかは不明ですが、彼等の頭や心の中には、(星を観たい) というような欲求や想いが渦巻いていたかもしれない。それを素直に実行に移したからこそ、自分達の渇望を満たせた。たまたま私にも出会い、ためになったかどうかはしりませんが会話もできた。私にしたって、考えたからこそ、遠い四国の山の頂に立つことができたのです。

行動する前には考えがあって、それによって行動が成り立ちます。精神や意識、登山の場合には根気や嗜好といったものも重要でしょうが、これ等は肉体があってこそ成立するものです。それからすると逆説のようですが、脳からの指令がない限り、人間的な行動はあり得ないように思えます。考えることは、行動を起こす上での第一歩なのです。

勿論、一生考え続けることも、答えを出せずに終わることもあるでしょう。ですが、私にいわせると、それも停滞、足踏みしていることにはならず、例えわずかずつでも進んでいるのではないだろうかと思うのです。

剣山のことがあってから半年近くが経ったある日、(そういえば、「思い立ったが吉日」っていうことわざがあったなぁ) とふと思いました。そしてさらには、案ずるより産むがやすし、これも思い浮かびました。

最近は政治家にしろ企業にしろ、不祥事や醜聞の何と多いことでしょうか。いくつになっても悪さをする人間はそのままなのでしょうが、大概は40も過ぎれば分別がついた上に若い人達の見本にならなければいけない年代です。できれば私もそうありたいと思います。

それが自分にとってプラスになると感じられれば、それこそ思い立ったが吉日です。思いついたその気まぐれが、大輪ではなくても、小さな花を咲かせるかもしれない。我々の年代になればこそ、もう先は長くはありませんけれども、決して機を逸しているわけではない。この場合、遅過ぎるということはない。残された時間や残ったパワーを注ぎこむ価値はあるはずです。

一生青春といいますが、やはりそれは自分自身の力で作り上げるものでしょう。他人に依存したり受動的ではなく、自発的であればこそ、より自身に跳ね返ってくる。結果も大事に違いないけれど、むしろ過程が大切です。何処までやれるのか、まずは始めることです。思い立ったが吉日で、案ずるより産むがやすしです。

佐渡紀行

新潟県佐渡ヶ島は、私の妻の郷里です。

私達夫婦の子供達がまだ幼かった頃には上越新幹線の開通前であり、上野から在来線の特急『とき』に乗車しても、新潟駅まではおよそ4時間の旅程でした。上越新幹線はまずは新潟～大宮間が開通、それからしばらくして東京駅が開業し、今や最速だと2時間を切るものも運行されています。

子供達が小さい頃には休暇を合わせ、夏には必ず帰省していました。義理の両親も私の顔を見たところで大して喜ばないとは思いますが、孫ともなれば話が違います。私としても義務感に駆られましたし、夫婦仲よくやっているというところを見せる含みもなくはなかったのかも。とにかく、上越新幹線全線開通後は往《い》き復《き》が楽になったし、特に登山を始めてからは重宝させてもらっています。

佐渡は日本で最大の島だそうで、米も同じ新潟の魚沼産コシヒカリと比較しても劣らないくらい美味しいそうです。妻の実家でも米や野菜を作っており、その都度新鮮なものを食せるので、毎日同じものを食べても決して飽きません。トマトにしても、普段食べるものとは全然違います。瑞々しいし甘味があるし、ついつい箸が伸びてしまいます。義兄がいる時には潜って採ってきたというサザエなどが食卓に並ぶこともあり、海産物の美味しさも格別です。佐渡汽船両津港ターミナルの前にある寿司屋も何度か利用したことがありますが、これもオススメです。特に外海府と呼ばれる北端から西岸にかけての海岸線は風光明媚であり、佐渡は観光地としても推薦できます。

そして特に高言したいのは、佐渡の草花です。佐渡には標高500メートル程度の山々が連なる小佐渡山脈、それに標高1000メートル前後の山が連座する大佐渡山脈とがあり、そこには早春から秋口にかけて、いくつもの花が咲き乱れるのです。特に春先の雪割草（オオミスミソウ）、カタクリは見事で、当たり年にはそれこそ足の踏み場もないほどに群生します。あるいはシラネアオイは、現在では佐渡ほどの群落は他にはないなどと評されているとか。佐渡の春山行は私の恒例行事のようなもので、何度も何度もでかけても、それでも飽きずにまた再訪してしまうような、名花の競演となるのです。

ただ佐渡に行って、帰ってくるだけでは勿体ない、技がないと考え、まず始めたのが佐渡の帰りに尾瀬に立ち寄るというプランでした。それに端を発し、新潟にはいい山が沢山あるので、そちらにも自然と目が向き、意識が傾くことになります。

妙高山、火打山、越後（魚沼）駒ヶ岳、巻機《まきはた》山、飯豊《いいで》連峰といった『百名山』以外にも、新潟県最高峰である小蓮華山（北アの白馬岳の隣に位置する山）、八海山、金城《きんじょう》山、角田《かくだ》山、弥彦山など、いくつもの山に足跡を残しています。中には簡単に、比較的楽に歩ける山もありつつも、逆に標高の割には結構ハードな山も存在します。

六日町から取りつく金城山は１３００メートル程度の山ですが、６月に入っても残雪があったし、登山口から頂上まで４時間ほどを要します。私が経験している中では、登山口と頂上との高低差が１０００～１５００メートルもある山が少なくなく、特に標高差１５００メートルともなると、上高地から穂高岳に上がるのに匹敵するような値なのですから、どう考えても楽なわけがありません。山の標高が低ければ夏場にはそれだけ暑いのだし、暑さと格闘しながら死ぬ思いで凌いだこともあります。

格闘といえば、初めて大佐渡山脈を縦走した時、とんでもない目に遭いました。その年は５月末になっても大量の残雪が山全体を包み——その分開花状況はすこぶるよかったのですが——道標の整備もいい方ではなかったため、ルートを見失ってしまったのでした。

当時はドンデン山荘（現在は建て替えされている）以外に、白雲台にも白雲荘（現在は解体・撤去されている）という宿泊施設があり、そこに予約を入れてありました。予定では午後の早い時間に着けるはずが、2時間遅れ3時間遅れ、時間ばかりを浪費してとうとう薄暗くなる始末です。

往時はケータイなど普及していない時代です。連絡する術もなく、一時は山中で一夜を明かす覚悟までするという、最悪の展開でした。何とかルートを発見し、金北山《きんぽく》（佐渡最高峰）に到着した時には、無宗教の私も頂上に建つお宮に――他メンバーの無事を祈り――さすがに手を合わせました。そこから辿る防衛庁（当時）管理道路も長くつらい道のりでしたが、午後7時頃には歩行を終えられたでしょうか。

宿の玄関ではたまたま職員の方が我々の到着を待ちわびており、聞けば、地元の駐在にはこの遭難騒ぎを通報してあるとのことでした。自宅にも遭難届を出すかどうかの確認の電話をしたといい、あともう30分遅かったら、テレビ局や新聞社が「出動」するまでに「発展」する可能性があったようです。私としてはリーダーとして世間に顔と名前を売りかけたすんでで難を逃れた格好で、料理はすっかり冷めていたものの、何時になくいいビールの喉越しを味わった次第です。

人物はどうだか、責任は持てません。ですが、佐渡は食べ物も美味いし、観光するもそれなりにいいんじゃないでしょうか。車でも一周するなら結構距離もあり時間もかかるし、最低でも1泊、何なら2泊以上滞在してみるのもいいと思います。私にとっては佐渡の山や花は佐渡の宝であると純粋に思いますし、ひいき目なしに、是非一度は佐渡にでかけてみては、そう他人にも勧めるのが常です。

エリックの逸話

数年前の秋口でしたか、北アルプスの剣岳に登山しました。剣岳は3000メートルにわずかに届かないながら、北ア北部の重鎮ともいえそうです。同じ北アの穂高岳、上越国境の谷川岳と並び、日本三大岩場のひとつとされ、『岩の殿堂』とも称されている名峰です。高さといい険しさといい、はたまたその姿といい、クライマーの登山欲をくすぐるに余りあります。

往時の私は、2007年の脱腸の手術前であり、体調に対する不安はほとんどなく、剣岳登頂の後に大日《だいにち》連峰へも足を延ばしました。大日連峰は剣岳と一応は尾根をつなげる連山で、剣・立山連峰からほぼ垂直に西へと稜線を延ばしています。この山旅は、初日にこそ弱い降雨に見舞われながらも、その後は好天に恵まれ、質も満足度もかなり高いと自負できるものとなりました。

満ち足りた気分で下山し、帰路は富山から電車での帰京の予定でした。特急『はくたか』で越後湯沢へ、そこから上越新幹線に乗り移るという経路です。

秋口とはいえ、富山駅ホームはうだるような暑さでした。ふと見ると、数人の取り巻きを従えた外国人がやってきて、何やら談笑しています。大きなカバンを持ち、これから『はくたか』に乗車するのだろうと思われました。

結局彼は、私が座った座席の通路を隔てて反対側の、1つか2つ前の席に座り、巨大な革製のスーツ・ケース（というのでしょうか）で通路を塞いでいました。彼自身も長身で恰幅がよく、何かこう、周囲から浮いた印象でした。外国人さんというだけで多少なりとも身構えてしまいがちですが、そこだけ違う雰囲気、空気感となっているのでした。

驚いたことには、越後湯沢の上越新幹線に乗り換えたところ、何と私と彼とは隣り合わせとなったのでした。片言の英語で、二言三言程度の会話を交わしたでしょうか、何を話したかは忘れてしまいましたが。

彼は英語を話すものの、実はどうやらフランス人のようでした。おもむろに取り出したやや厚めの本は、チラッと見ると仏語で書いてあるようでした。表紙には『PIANO』という単語が見て取れたように思われました。

私は語学に堪能なわけではないし、彼も日本語には疎いようです。大した会話もせぬまま東京駅に着き、彼との短い旅は、ここで終わるはずでした。しかし彼の方から「成田空港に行きたいが、どうすればよいか?」というようなことを持ちかけられました。話をするうち、やはり彼がフランス人だと認識できました。その時私が背負っていたのは、フランスの登山用具メーカーであるＭＩＬＬＥＴ（ミレー）のザックで、「使い心地はどうだい?」「なかなかいいですよ」みたいなことを話しながら、私は東京駅の最深部にある成田空港行きの特急が発着する地下ホームまで、彼を案内して行きました。

本当につたない英語で、彼とどれだけ心が通じ合ったのか、疑問です。富山駅から東京駅までほんの数時間、交わした会話の量、言葉の数も、決して多くはありません。彼の話していることがどれだけ理解できたか、必死だっただけにドギマギしていたのも事実です。ただ、少なくとも彼のために最低限のガイドはできたのではないでしょうか。少しでも彼の力、助けになりたくて、彼の言葉に耳を傾け、苦手な英語を聞き取ろうとしました。彼が乗るべき成田空港行きの列車が発車するホームまで、そうして辿りつけたのです。

彼の旅は成田へ、そしてそこから母国・フランスへと続きますが、ここが私達の別離の場所・瞬間でした。「悪かったね、ありがとう」彼の感謝の言葉を受け止め「明日も休みですから」と返したことが懐かしく想い出されます。すると彼は巨大なカバンをおもむろに開けると、１枚のＣＤを差し出し、せめてものお礼にと私にプレゼントしてくれました。

彼の名は、エリック・ハイドシェック。そのＣＤはバイオリニストの千住真理子さんとの共作で、彼はフランス、いや世界でも著名といえるようなピアニストだったのです。

私はクラシックを聴かなくはないし、好きな曲を編集した自作のＭＤ（当時）を作ってもいますが、造詣が深い方ではありません。ですから、彼がどれほど高名で、優れたピアニストなのかは計りしれません。この後随分と経ってからネットで検索し、彼がかなり名の通り、何枚ものＣＤを出し、日本でもコンサートをするようなピアニストであることがわかりました。もしかすると、私が考える以上に名が売れ、才能に溢れた方なのかもしれません。

私はこれまで、旅先や出先で、少なくない有名人に遭遇してきました。中には一緒に写真に収まった方もいるし、運よく歓談できた方もいます。

けれども、エリックとの出会いほど、何処かこう運命的といおうか、降って湧いて、しかも旅の色づけという意味でこれほど印象的な例はありません。富山から東京まで、まるで旅のパートナーのように連れ添ってきた。しかも、彼はたまたまですが外国人で、たまたま著名なピアニストで、私は彼の手助けをすることができた。

この話を友人・知人にすると「それってスゴクない!?」と驚いたり、「へぇー」と感心するのが常です。テレビ番組でも、旅での出会いを特集するものもあり、これはやはり、当の本人である私にとっても面白い。著名人でなくても忘れ得ない出会いは経験していますし、未だに何らかのつながりや付き合いがある面々もいないではありません。

それでも、エリックが名の通った外国人であることが関係・影響しているかもしれないにしても、これほどの事件、ドラマはないと断言できます。今年こそは、エリックの東京公演に、一聴衆として参加したいと考えています（※この後年、私は妻と連れだって、実際に彼のリサイタルの聴衆となりました）。

日光周遊

もしも外国人に「日本で行くとしたら、何処へ行けばいいか?」と尋ねられたとして、私なら京都と日光を薦めます。京都は街として日本を象徴・代表しており、日光は観光地として秀でている以外にも、自然景観豊かな場所だからです。

登山に限定すれば、日光以外にもオススメの場所は数多くあります。『百名山』のほとんどは日本を代表する山々だし、日光に限らずとも、彼等を満足させるだけに足る山はそれこそ山ほど存在します。けれども、自然と文化の両方を体感、満喫できる場所というと、日光以外にはなかなか思い浮かびません。全てとはいいませんが、おおよそのものがまんべんなく揃っている、そんな気がします。

立地条件が日光に似た場所として、箱根の名前も挙げられます。どちらも国立公園に属し、温泉があり、シンボル的な湖があります。伝統文化も、食に対する楽しみもあり、地ビールも共通したウリでしょうか。見事な森が広がり、保養地としても文句のつけようがありません。どちらも日本を代表する観光地であり、温泉地でしょう。どちらも私が足繁く通った場所です。

双方の相違点といえば、箱根の方が首都圏に近く、標高も日光よりは低い。日光には標高2500メートルを上回る山があり、1500メートル以上の山も少なくありません。『百名山』にしても日光白根山、男体山がありますし、戦場ヶ原にしても1000メートル以上の高地にあります。

箱根の最高峰は1500メートルにも満たないし、富士山を眺めるのに適し軽ハイキングに向いているにしても、奥深さや原生的なのは、やはり日光の比ではないでしょう。函南《かんなみ》原生林は有名ですが、ゴルフ場などの人工的な施設も少なくない。冬季でも大した積雪量にはならず、気温にしても日光とは雲泥の差があるはずです。

私の場合には登山が本業みたいなところがあるので、どうしても日光の肩を持ち、評価してしまいがちかもしれません。それでも、遠い方の日光に出向く機会が多いのは、より満足度が大きく深いからではないかと分析します。

東照宮、二荒山神社、輪王寺、中禅寺（立木観音）、神橋の他にも、華厳の滝や龍頭の滝などの瀑布群。中禅寺湖や戦場ヶ原、明智平、千手ヶ浜なども観光気分で訪れられる場所でしょう。本格的なアウトドア派でなくても、天候に恵まれさえすれば、気軽に自然と触れ合う機会を持てます。勿論油断は禁物ですが、バスや車を降りたすぐそこに、目を見張る自然景観があります。

ベテランから初心者まで対応できるピークやルートが数多くあり、レベルに応じて十分満足できるはずです。私も全ての山やコースを網羅してはいませんが、スノー・シュー（「西洋かんじき」みたいなもの）を購入してからは積雪期にも日光を訪れることが増えています。

最近では積雪量の減少が危惧されてはいますが、冬季の日光（特に奥日光）の寒さはハンパではありません。それでも雪の上を歩きたくて1シーズンに複数回訪問することもあり、私にとっては四季を通じて楽しめる数少ない場所なのです。

定宿こそないものの、中禅寺、光徳、湯元といった温泉にも複数回浸かりましたし、再利用したホテル・旅館もなくはありません。そうした宿をベース・キャンプにし、豊かな山旅を自分なりに演出、組み立ててきました。

東京からだと決して近くはなくても、特に遠い部類には入らないかもしれない。東武線の快速で約2時間かかるし、近いとも、遠いともいえるかもしれません。もしも遠いと感じれば、温泉に1泊あるいは連泊し、心行くまで日光を堪能するといいでしょう。案外リーズナブルで、結構リッチな雰囲気を味わえる宿もあり、山の難易度がピン・キリなら、宿も同様です。

ハイキングを終えて下山してきて、神橋から日光駅へと下ってくる道すがら、坂の途中の酒屋で『日光ビール』にありついたり、中禅寺湖畔の宿に泊まった時、湯浴みの後夕刻に湖畔に出て、やはり日光ビールを飲《や》ったことがあります。それまで「中禅寺湖畔で日光ビールをあおる」ことが小っちゃな夢であったので、満ち足りた気分でした。

箱根においても、温泉で汗を流し、その後の『箱根ビール』が格別であることはいうまでもありません。もしくは高尾山から下山した後の、ソバや生ビールも同等のレベルに達していると評価できます。

あえて最後につけ加えておくならば、観光・軽ハイキングからハードな山行まで選択肢が多く、自分なりのプランニングが可能。こうした日光に通じるお気に入りの場所として、清里、佐渡、戸隠高原、あるいは京都なども併記できるでしょうか。また、私の自宅からだと宿泊は不要ですが、高尾山もそれ等に含めていいでしょう。ミシュラン・ガイドで高評価を受けているのも頷けますし、ミシュランの目もあながち節穴ではないなと感心させられます。

富士山考

富士山はいわずとしれた日本一の標高を誇る山で、作家・深田久弥氏は『日本百名山』の中で「偉大なる通俗」と評しています。私の記憶では紀伊半島から写真撮影された例があったはずで、私自身も尾瀬の燧《ひうち》ヶ岳や北アルプスから望んだ経験があります。本邦で最も高く大きい山で、最も広範から望める姿は、私が日本を象徴する山・風景だとする由縁でもあるわけです。

私が初めて富士山に挑戦したのは１９８７年8月中旬のことで、富士宮登山口を起点、終点としました。夕刻に駐車場に着き、そこで高度に体を慣らすため、車内で仮眠を取るなどしました。夜の10時頃に出発し、頂上で夜明けを迎えようという計画でした。

当時の私といえば、登山を始めて5年目の、いわば駆け出しでした。体力もまだ充実していない時分で、道具だけが何とか揃いかけていたでしょうか。夏とはいえ夜間の登高で陽射しがなく涼しく、（このままなら予定通りに……）途中までは案外順調でした。

そんな思惑が崩れ始めたのは、８合目を通過する頃だったでしょうか。この時点で標高は３２００メートルを超え、これは本邦第2位の標高を誇る北岳（南ア）を上回っています。つまり、これから先は、日本では未知の領域となるわけです。しかも山頂まではまだ500メートル以上、これは日本国内では群を抜いた高さといえるでしょう。

普段であれば布団に入っている時刻に3000メートルを超える地点を登山しているわけですから、楽なわけがありません。酸素も希薄で、肺がいつもの半分の大きさになってしまったような、吸っても吸いこんでも、空気が入ってこないような感覚に囚われます。足は重たく、身体はだるくなり、ペース・ダウンは必至でした。数歩進んでは立ち止まり、息を整えないことには前に進めませんでした。

結局、夜明け前には登頂を果たせ、何とか目的を達することができました。しかし、この登山は私が経験した最も苦しい登山の中でも間違いなく五指には入るものであり、酸素の希薄さを身にしみて味わった随一の経験となりました。しかも、この時には、ある失態も演じているのです。

というのも、当時はフィルム・カメラを使用しており、カメラに装填したはずのフィルムの巻き上げが空回りし、撮ったと思った作品を全滅させていたのです。そういうわけで、初めての富士登山は非常に苦しいものであり（もう登りたくない……）と思う反面、心の何処かに再戦を期す心情が渦巻いていたようにも思われます。

けれども、そうした心情が登高のあの辛苦を上回ることはなく、何処か別の山から富士山を眺めることはあっても、自ら進んで富士に再挑戦しようという気にはなりませんでした。

富士山は夏のおよそ2ヶ月間に登山客が集中し、おそらくは日本で最も素人登山者が多い山のひとつでしょう。登山道の真ん中で休んでいたり、後ろから迫ってきたハイカーに道を譲ることもしない。混雑時にはハイカーが数珠つなぎとなり、最悪の場合には渋滞が発生するともいいます。

あるいはまた、富士山の写真を撮る場合、その大半は他の場所からのものです。ある時には山麓の富士五湖畔であったり、近隣または周辺の山の山頂や峠だったりします。ところが逆に、富士山で写真を撮ろうという例は、数として少なくなくても、前者とは比較にもならないでしょう。

こうした実例といおうか実態は「富士山は登る山ではなく、眺める山である」という結論を導き出します。このことは今更私が述べるまでもなく、以前から定着していた通説です。

富士山からの眺望にしても、条件さえ整えば見事というしかありません。空と雲以外の全ての景色が眼下にあり、特に朝夕の景観は筆舌に尽くしがたいものがあります。ただ残念なことに、富士は山体があまりに巨大で、そして山頂部がこれまた巨大なすり鉢状になっているため、視界を塞ぎがちなのです。つまり、南面から登って行くと、海側の見晴らしはよく、ご来光を拝むのにもまあまあ適していながらも、北面の御坂山塊や八ヶ岳、南アルプスなどの眺望が山体の陰に隠されがちとなります。もし山頂から周囲の景観を目にしたいならば、山頂部をぐるっと一周しなければなりません。北岳、穂高岳、槍ヶ岳等のように、山頂に立ちさえすれば四周の景色を一望可能な山とは、一線を画していると評価せざるを得ないわけです。

写真を残せなかったことは残念でも、1回登ったからには、無理して再挑戦する気はあまり大きくありませんでした。中には何10回、何100回と富士登山をする人もいないではないですが、私にとっては長いこと、やはり「眺める山」であり続けていました。そんな折、二男坊が「友人と富士山に登るので、道具を貸して欲しい」と持ちかけてきました。聞けば1泊2日の日程だということで、これはいい機会かと思いました。もう1日の休暇が取れれば、同行可能な状況でした。「ガイドがいれば安心」と快諾してもらえ、2010年8月末には23年振り2回目の富士山登山が日の目を見る運びとなります。

しかしながら、あまりにも急な話で準備期間がなく、にわか仕立てな計画となってしまいます。混雑した小屋に宿泊するのを避けたい一心で、前回と同じく夜中に登って早朝に登頂するという、年齢を考えない無謀なプランだったのです。予想以上に苦しく大変だったながらも結果的には何とか登頂でき、山頂から日の出を拝むという二男坊達の念願も果たせました。

今回はデジカメですから、前回のような失敗もありません。しっかりと三脚を立て、東の空に狙いをつけます。昇ってくる太陽、朝もやや雲海、それを照らす陽光。山中湖や道志、丹沢なども正に絶景となってくれました。二男坊達も、少なからず感動したはずです。「富士」を「不二」とも書く由縁を、改めて強く感じ取った登山でもありました。

下山路を砂走《すばし》りコースで御殿場口へと取ってしまったのは、大きなミスとはいえないものの、歩行面・体力面では結構な負担となりました。二男坊達にも日本一の山をいくらかは甘く見ていたという油断があったかもしれませんが、私としても富士の大きさ、高さをまざまざと見せつけられた格好です。富士山は日本の極地であり、と同時に象徴であることに相違ないのです。

そんな富士に3回目、あるいはそれ以降の旅があるのかどうか、それはわかりません。ただ、誰かを案内するなどもしその機会があるならば、その時には私なりにもう一工夫加えた計画にしたいと考えています。それはここではあえて伏せておきますが、最近の富士登山ブームが、私の登山欲を多少はくすぐっていた裏返しなのかもしれません。

私は二男坊達に、持ち物や着衣などについていくつかのアドバイスをし、登山の注意点に関しても吹聴しました。登山計画書を作成したし、歩行中の留意点もある程度伝えたつもりです。勿論ガイドとか解説といった類の蘊蓄《うんちく》も、随時垂れました。

下山途中で雷のような音声が響いた時、「あれが何か分かるか?」私は彼等に尋ねてみました。私も一時期までは、それが一体何であるのか疑問に思っていました。それは雷鳴のようでもあるものの、彼等に見当がつくはずがありません。

それは御坂山塊でも、道志や箱根などでも、無作法に「介入」してくる雑音です。その音声の正体とは、富士演習場で自衛隊が行っている、射撃訓練の爆音なのです。いくら山麓とはいえ、日本一の山に大砲をぶっ放している。ゴミの不法投棄も後を絶たないというし、山小屋などでのし尿問題や、観光地化問題も決して無視できません。豊富な湧水群の中には有害物質が検出された事例もあるそうで、樹海での自殺者の問題からも目を背けられません。

私はこうした現実を彼等に伝えた上で、富士山を世界遺産にするべきではないかもしれないと話しました。富士山は、負の意味でも日本の象徴かもしれないからです（※この時同行した二男坊の友人は、後に彼の妻となりました）。

尾瀬彷徨

40年近く、通算800回近い山行を重ねてきて、その中で尾瀬に通った回数が最も多くなっています（近年になり、高尾山に逆転されましたが）。まだ50回には届いていませんが、それも時間の問題だし、今後は尾瀬再訪のペースは速まりそうな予感もします。高年へとさしかかり、数年前の手術では体力をガタ落としていますから、楽してきれいな景色を目にできる尾瀬は、現在の私にとっては「救いの神」でもあります。

尾瀬に年に最低1回はでかけることを目標としていた時期もあり、春・夏・秋と3回通った年もありました。往時は山小屋の予約制がありませんでしたから、たまたま連休ができた時などには（尾瀬でも行こうかな）と不意に思い立ってでかけることもありました。早朝に東京を発てば、昼前にはいずれかの登山口から歩き始めることができます。原生的な自然が、射程内にあるのです。

尾瀬に関して、私にはもうひとつの命題みたいなものがあります。登山歴40年を迎えようとした現在でも果たし切れてはいないのですが、それというのが「尾瀬の全ルートを踏破する」というこだわりです。おおよそのルートはこの足で踏みながら、一度も辿らないままに廃道同然になってしまったルートもないわけじゃありません。今になってみればそういう気はすっかり薄れてしまって、そのうちチャンスがあれば達成してみようかという程度です。それだけ尾瀬にのめりこんでいた証拠かもしれないし、尾瀬に魅せられていたのでしょう。

日本のような湿潤な国土・地域はむしろ少数派で、私の記憶が正しければ、地球上の全陸地の3分の1に過ぎないのだそうです。日本のように不自由なく水が使え、飲み水に困らない方が少ないわけです。風呂に入る習慣がない所もあり、水をタダ同然に使用できるのは極めて限られているのです。

そうしたことを踏まえた「富士山は日本を象徴する風景であり、尾瀬は日本を代表する風景である」というのが私の持論です。湿潤な日本の国土・風土を凝縮した、その見本のような景観、在り様が尾瀬だと思うのです。

尾瀬ヶ原を挟んで燧《ひうち》ヶ岳と至仏《しぶつ》山が盛り上がり、双方ともそれぞれに個性を主張します。豊かな森林帯に湿原・草原帯が点在し、その中にちりばめられた池塘は、尾瀬沼を含めて山上の宝石箱のようです。

尾瀬を取り巻くように、平ヶ岳、越後駒ヶ岳、巻機《まきはた》山、会津駒ヶ岳、武尊《ほたか》山、谷川岳、皇海山《すかい》、日光白根山、男体山、赤城山と『百名山』だけでもこれだけあり、他にも名だたる名山がひしめき合っています。

冒頭ではさも簡単に入山できそうな表現をしましたが、最寄りの駅から1時間半から2時間ほどバスに揺られないと登山口へは達せられず、それだけ奥深い所に位置しているともいえそうです。現在は文明の利器に依存することもできますが、尾瀬は本来は秘境そのものです。

以前某新聞紙上で、尾瀬の入山料徴収論が叫ばれたことをきっかけに、読者の投稿を募って特集を組んだことがあったかと思います。その中に、確かかなりの高齢の女性からの投書があり、その方が若い頃には木道さえなく、静まり返った尾瀬に佇んでいると、同行者と会話するのも申し訳ないような気にさえなったとありました。そして、尾瀬は自分の足で踏むのではなく、へりくだって会って頂く場所だ、そんな風にも書かれてあったと記憶しています。私にもその方の感性は理解でき、想いが伝わります。

私はできるだけ土・休日を外して入山しますし、可能な限り混雑を回避するよう心がけています。それでも、ミズバショウ、ニッコウキスゲ、紅葉のシーズンには、平日でもハイカーが大挙して押し寄せもします。普段でも遠足や林間学校、あるいはツアーの団体やグループも少なくなく、辟易することもままあります。

尾瀬に行き易くなった反面、そうしたリスクを孕んでいることもまた現実ですが、人気のない尾瀬と対峙していると、その大自然と対話しているような気にもなれます。言葉を発しなくとも、私の想いが尾瀬に伝わり、尾瀬がそれに返してくれているような気になれます。例え幻想・妄想でも、あるいはこじつけでも、尾瀬と会話している気分に浸れるのは、やはり回数を重ねたからこそなんでしょうか。ただ歩いているだけなのに、馴染み深い場所に帰ってこられた。そんな穏やかで懐かしい心持ちになれるのです。

尾瀬には1年のうち、前述した3大シーズンがあります。学生の頃に尾瀬の山小屋でアルバイトをしていたという人物が、「それ以外は何もない」というような発言をしていたことを、今更ながらに忘れません。

確かに、ミズバショウやニッコウキスゲも、当たり年でなくてもそれはそれは素晴らしい。紅葉だってそうです。でも、それ以外に訪れてガッカリさせられたことは、一度としてありません。たまたま天候に恵まれないと、テンションが上がらなかったり、ロクに写真も撮れないと落胆もしますけれど、「また行けばいいや」と思い直すのが常です。ただ歩いているそれだけで、満ち足りた気分になれるのは、尾瀬以外にそうはないかもしれません。

残雪にルートを見失い、苦労しながらもカンを頼りに歩いたこともありました。誰もいない木道に座りこみ、名も知らぬ花を覗きこんだことも。じっと池塘を凝視めていると、サンショウウオが息つぎで顔を見せてくれたり、何種類ものトンボが子供時代を想い出させてくれたりします。

何もない、のではないのです。3大シーズンの派手さはなくても、そこには尾瀬があり、何かを見せてくれ、発見させてくれます。40年間でクマに遭遇したのは尾瀬のみですし、そこでは時間がゆっくり動き、はたまた時間を忘れさせてくれるようです。これはまた、非日常です。

尾瀬と友達になったなんておこがましい。それでもこの友好関係を、私なりに続けたいと切望してやみません。

カメラという道連れ

私はひとり旅が好きですし、自分に1番しっくりくる気がします。ただ、そんな場合でも、いいパートナーになってくれるものがあります。目的地に向かう電車内、あるいは宿泊する山小屋、ホテル、旅館等の部屋で読む本がそうです。あるいは酒、これもそうだといわざるを得ないでしょう。

しかしながら、本を忘れたとして諦めはつくし、テレビでも眺めていれば事足ります。酒は重い思いをしてわざわざ持っていかなくても、現地で調達することが可能です。それでも手に入らなければ、ふて腐れて寝てしまえばいい。山小屋だと、全く冷えていない、もしくは賞味期限切れのビールを飲まされたこともありますが、それでも飲めないよりはマシなのかもしれません。

それでも、それでもです。もしカメラを忘れたとしたら、これは私にとっては最大の痛手といえるでしょう。例えば往路の電車内でそのことに気づいたとしたら、もしかしたらその場所から引き返すかもしれない。予備のバッテリーがなく電池切れになったとしたら、あるいは不慮の事故でカメラが壊れたり故障したとしたら、少なくとも平常心ではいられないでしょう。

かつて富士山で巻き上げたと思ったフィルムを空回りさせ、撮ったはずだった写真を台無しにさせた時には、それは帰宅後に気づいたのでまだよかった。おそらく当時はさぞかし悔しい思いだったろうし、かなりガッカリしたはずです。それでも山行中はわからなかったわけですから、歩行のためのテンションが下がることはなかったでしょう。

けれど、南アルプスの塩見岳の山頂でカメラのバッテリーを切らし、予備の電池を持っていなかった時は、情けなくなって泣きそうにはなるし、歩く気力をかなり萎えさせました。別に大した腕もなく特にいい作品を残せるでもなく、世間的に見てもアマチュアの域を出はしないのですが、カメラなしでの山行や旅は考えられない。何処へ行くにもカメラがなくてはいけないし、でかける気にならない。カメラがあってこそ私の旅は成り立ち、目的の大半がそこに懸っているといっても過言ではないのです。

最近ではデジカメが全盛で、私の場合にもかれこれ20年近い付き合いになります。銀塩カメラと比較して、デジカメには長所もあれば劣る部分もあり、どちらが優れているということは現時点では簡単には結論づけられない気がします。

ただ、私の場合には、使い勝手の点でデジカメに軍配を上げざるを得ません。例えば費用・金銭面の違いだとか、現像・焼き付けの手間の差異だとか、その辺を明確には把握していません。しかし、撮ってきた写真を、少なくともPCですぐに確認できるし、プリント・アウト（P・O）するにも自分の都合に合わせることができ、出来上がりを首を長くして待たなくていいというのは、決して気の長くない私には向いています。

そして、最大の利点というのが、まずは加工などがし易いこと。それに、保存するのにスペースが少なくて済むということでしょうか。加工はピント、露出や色合いなどの調整・補正の他にも、カレンダーや年賀状の作成などが簡単にできます。お気に入りは2LサイズにP・Oし、専用のクリア・ファイルに収納するようにしています。

以前だったら愛用のアルバムで溢れ返っていたものが、今やPCの外付けハード・ディスクなどに保存でき、オマケにデジカメの場合には撮影データが残るようになっているのでかなり助かります。かれこれ50年のカメラ歴となると、写真とネガでもかなりの分量になっていましたから、これは革命的ともいえます。

これは私の教訓といおうか、アドバイスですが、写真も、きちんと整理しないで貯めるだけでは、ただのゴミと一緒です。何時何処で撮ったのか、撮影年月日も場所も分からなくては、写真を撮る意味がなく、カメラを携行する必要性もないことになります。

今でこそ2Lサイズが主流となっていますが、撮影年月日・場所、できれば題名を最低限添えるようにしています。こうすることでその作品を大事にすることにつながるし、1枚1枚の重みというか奥行きというか、その辺が違ってくるように感じます。

　まだフィルム・カメラを使用していた時分には、よほど酷いものは捨ててしまいましたが、大半はアルバムに収納し、どんなに短くてもいいから言葉を添えるようにしていました。例えば峠のような場所から撮った風景写真だったら、「いい眺めだ！」「気分がよかった」だけだっていいし、その作品とは全く関係なくても「ここでおにぎりを食べた」とか「コーヒーで一息ついた」とかでもいいのです。

　人間の想い出＝記憶とは、どんどん薄れるものです。時が経つとともに、徐々に鮮やかさを失っていきます。それと同じ例えになるか責任は持てませんが、私の年代ともなると、体力を向上させるには相当の努力・尽力が必要ですが、下降傾向なものをせめて落ち幅を小さくしてやるのです。

　年間に500枚、1000枚と撮影しても、自分の写真を1枚も撮らないことが珍しくありません。旅の主役は私ではなく、時には食事であったり、大半は出先での風景です。自分ではなく、どんな場所に行ったのか、そういう記録を残すことが命題みたいなものです。

　そんな私でも、妻や子供達、友人・知人の写真を撮らなくはありません。特に家族の写真は、いずれ孫でもできたら、その時のために伝えられるものを記録しておきたいという思いがあります。ただ写真を見せるのではなく、そこに日付や何かコメントが残っていれば、少しだけでも深みや実感が異なるでしょう。

私はコメント以外にも、テレフォン、オレンジなどのカード類、時には山の帰りに地下鉄車内で——たまたま乗り合わせた乗客の方に——頂いた切り絵をアルバムに挟むなどしていました。他にも各種切符や、駅や山小屋等で押したスタンプ、山小屋や宿の領収書など。記念や今後の資料・参考になるものの類にしても、一応変化だけはつきます。

写真の保存法に関しては個人個人で異なるし、カメラの機種や使用するフィルムの種類でも違うでしょう。その上で、きちんと写真を整理し、保存することは、旅そのものを大切にすることにつながると思います。自分なりに工夫し、一演出加えることにより、より味のあるアルバムやファイルになり、旅の一部分になってくれるはずです。

どんな高名なカメラマンが撮った作品だろうが、どんな賞を受けた写真だろうと、旅先で自分が撮った写真ほど想い出になるものはないはずです。人間は視覚からの情報が最も大きく重要だと仮定するなら、写真は宝物ともいえそうです。

登山歴40年を経て、人生の半分以上を確実に経過してみて、私には「いつ山歩きを辞めるか」という自問自答が投げかけられています。スポーツ選手が引退する時に「バットを置く」だとか「ユニフォームを脱ぐ」などといいますが、私にも登山引退のタイミングが遠くないというのが実感です。

けれども、山は辞めても、きっとカメラは辞めないで続けるでしょう。老体でもカメラくらいは携行できるでしょうし、足腰が弱って登山不能になったらあちらこちらの街を歩いて回りたいと思っています。私だけでない少なくない人々が、記録と記念の媒体であるカメラを、かけがえのない旅のパートナーと位置づけているのではないでしょうか。

屋久島帝国

私が唯一の屋久島来訪を果たしたのは２００４年６月初旬で、『百名山』の一峰である宮之浦岳登頂が主目的の旅でした。正直いうとこの時ばかりはツアーを利用したのですが、弁解しておくと、３泊４日での旅程のうち２日目のホテル宿泊をキャンセルして登山に充てるというもので、添乗員も同行していません。つまり、往復の乗り物と宿はパックでも、登山計画自体は自分で立てたもので、ガイドも頼みませんでした。

この登山は、私にとっての通算３００回目のもので、宮之浦岳は恰好の標的でした。節目の登山としても相応しく、獲物としても申し分ありません。難敵であることに違いないものの、難産であればあるほど、達成感もより高まると思えました。

また、私には登山とは別に、気になることがありました。屋久島に渡ることで、私なりに確認したいというか、実況見分してみたいことがあったのです。というのも、屋久島を訪れたことで、屋久島移住をする人が案外多いということをテレビ等で認知していましたし、私の知人の親類にもそのような人物がいたので、実際にどんなものなのかをこの目で確かめてみたかったのです。

屋久島とはそんなにいい所なのか。価値観や人生観を一変させる、そのような場所なのか。是非また再訪したいというよりも、いっそのこと住んでしまおうと思わせるくらい素晴らしいのか。その辺を、私なりに探ってみたかったのです。

通算300回目の山行は、元々は宮之浦岳に的を絞ったものではなかったのですが、理想的な形で記念の山行を達成することができました。当初300回達成は秋頃だと思っていたものの、この年には2月にスノー・シューを購入して積雪期にも山行を重ねていましたから、その時期が早まったといえます。

それにしても、屋久島は魅力的な場所でした。初めて佐渡の山にでかけた時、その自然の豊かさに感動を覚えたものですが、屋久島はその比ではありませんでした。佐渡もスゴイと思ったけれど、屋久島はそれ以上です。それは単純に、最高峰の標高差が800メートル近くあるだけの違いでは勿論ないし、正しく世界遺産に相応しい、あらゆる賛辞に恥じない太古そのままの大自然なのです。北海道の利尻島や知床などと比較しても、頭2つも3つも抜きん出ている気がします。

宮之浦岳は九州の最高峰であり西日本第3位の山ですが、そういう数字や地位とか順番とか、そういうものでは計れない、正に計りしれない何かを有している気がします。

山中は流水や湧水が豊富で、山全体が水で溢れている。降水量が多い地域とはいえ、これほど湿潤なありようは、私が20年以上に渡って目にしてきた中でも、他に例がありません。それは、日本アルプスとも異なるものだし、尾瀬とも比較できないような、類稀な姿です。『日本百名山』の著者・深田久弥氏は黒部五郎岳の章で『比類なき造形』という表現を用いていますが、それは屋久島にこそ相応しいように思えます。

私は「富士山は日本を象徴する風景であり、尾瀬は日本を代表する風景である」という持論を持っていますが、それは、富士山は『偉大なる通俗』であり、尾瀬は日本の湿潤な自然環境を代表するものだと考えたからです。

しかし、日本にはもうひとつ、屋久島という風景がありました。日本の、富士山でも尾瀬でもないもうひとつの風景で、その両極に並ぶ3つ目の極です。それをどう表現すればいいかと考えた時、私には意外にもすぐにこの文言が思い浮かんできました。

屋久島は、ひとつの帝国なのです。要塞であり、砦です。多くの山岳や沢をひっくるめて、屋久島という帝国を成している。そして、他の山にはない景観に、更に威厳と風格を備え、迫ってくる。今までに何処の山でも目にしたことのない姿で、私を虜《とりこ》にしました。

登山口には清涼飲料水の自販機さえなく、山中にも必要最小限の人工物しか存在しません。これだけでも稀な状況であり、森も熱帯雨林、ジャングルを想起させるような規模と密度で、その様相は日本ではないような、訪れた者の感覚を鈍らせ、あるいは狂わせるような代物です。

その時宿泊したホテルから見ると、なだらかな斜面が海へと落ちていました。それがひとたび振り返ると、荒々しい岩山がホテルの背後にまで迫り、宮之浦岳は海辺のどの集落からも目にできないといいます。苔では北八ヶ岳に分があろうかとも感じましたが、今回は一部の地域しか歩いていないし何とも評価しがたく、海浜のほんの一部の平坦地を除いて、山が山であるべき姿を最も保っている唯一の地域なのかもしれません。

屋久島のツアーの中には、もっと安価で登山に適し向いたものもありました。それでも友人と相談し、下山してからゆっくりできるものを選び、正解でした。実際に自分の目で見、体感した登山とか大自然の余韻が、薄れないまま残ってくれたような気がしたからです。

実際に入島するまで、あるいは山に入るまでは、屋久島に移住した人の気持ちを理解できるかどうか疑問に思っていましたが、今は違います。私とて、条件さえ整えば、定住したい気が大きい。住まないまでも、足繁く何度も通いたい。今すぐにでも、登山や散策で再訪したくなっています。今回歩いたルート以外にも多くのルートや見所・名所があるし、是非また訪れたいし、他人《ひと》にも勧めたい。

こうして300回目の登山も終わりましたが、どうしてか終わって欲しくない山行でもありました。ここまできたら気負いもないし、この先一体どれほど山に入れるかわからないけれども、屋久島が終着点で、それを目指して歩いて行くような気もしないでもない。私にとって、屋久島が究極の自然、嗜好対象となり得た機会だったのかもしれません。

付け加えるなら、屋久島移住を果たした人々は、辿り着いたのではないと思います。彼等は、その時点から屋久島の旅を始めたのだと思うのです。

おわりに

２０１９年３月末日、41年間の勤務を経て、私は定年退職の日を迎えました。49歳の時の脱腸の手術を経験した後、私の体は満身創痍です。持病である偏頭痛の他、高血圧や足腰の痛みなど次々に不具合が出て、急性とおぼしき冷え性や足のむくみも発症し、体力もすっかり落ちました。現在も通院中で、「いつ登山をやめるか」という命題が脳裏を過ぎります。

けれども、ごまかしながらも何とか歩きたい、歩かねばという気力もあって、高尾山程度の軽度のハイキングや京都散策など、もう少し続けていきたいという「野望」だってなくはありません。歩くことは、勿論健康につながりますし、つまりは内臓や脳に刺激をもたらすはずなのです。

もう３０００メートルの頂や、ハードなルートを踏破するなど、とてもじゃないが怖くてできません。令和２年度を迎えて３歳になる孫がいますし、彼をハイキングに連れて行けるものなのかどうか、自信はありません。父が亡くなった後、5年ほど前には妹が54才で早世しました。私もいつどうなるかわからないので、1日1日が勝負と心して過ごしています。

また、最近ではコロナ禍に引っ張られ、引きずられるように、世界中が様々な難題を露呈させ、混乱しています。我が家では夫婦共々定年退職し、間もなく年金生活となるので、今のところは多大な支障・影響はなく済んでいますが、個人や世帯によっては死活問題です。

加えて、SNSの問題や、特殊サギ、あおり運転、クレーマー問題等、歓迎したくないニュースばかりが目立つような気もします。いくらアナウンスしても車内で足を組む輩は減らず、日本人が妙に攻撃的になっているように感じられてなりません。あるいはまた、政界にも腐敗臭が漂い、巨悪が暗躍しているような空気感が渦巻きます。これでは政治離れが増長したとして自然な流れで、偉そうに大きな顔をしている何処かの国の政治家も、大して相手にもアテにもされていないという裏返しなのでしょう。

それはさておき、私には私の、残りわずかながらも、最後の旅路があります。それはいかにも細々とし、ダラダラと下って行くだけの道程なのかもしれませんが、私らしく締めくくるためには貴重で、そして唯一の道です。もう欲張ることはできないし、大輪の花を咲かせたり、とてつもない感動を得ることもままならないかもしれません。

それでも家族や親戚に「そこそこよくやったんじゃないか」そう思ってもらえるよう、穏やかできれいな終幕を迎えられるよう、静かに歩を進めたい一心です。

どんな職種も、あるいはスポーツや競技、趣味や遊びにしても、最初からベテランである、そんなことはあり得ません。いかに著名な登山家にしろ、植物博士にしろ、最初は初心者から始まったはずです。私の場合にはそんな高みまで達せるはずもないし、自分の分は心得ているつもりです。もっともっと能力があれば、もっと金を稼いで優雅に暮らしていたことでしょう。けれども、少しは根気があったのかもしれません。私のモットーは、くじけず投げやりにならずです。

【著者紹介】
秋元 忍（あきもと しのぶ）
1958年東京生まれ。
「陽ノ光」Instagram：hinohikari_kyoto

装画　曽我部世津子

旅《たび》のかたち　彩《いろど》りの日本巡礼《にほんじゅんれい》

2020年12月9日　第1刷発行

著　者　　秋元　忍
発行人　　久保田貴幸

発行元　　株式会社 幻冬舎メディアコンサルティング
〒151-0051　東京都渋谷区千駄ヶ谷4-9-7
電話　03-5411-6440（編集）

発売元　　株式会社 幻冬舎
〒151-0051　東京都渋谷区千駄ヶ谷4-9-7
電話　03-5411-6222（営業）

印刷・製本　中央精版印刷株式会社
装　丁　　内藤琴絵

検印廃止

Printed in Japan
ISBN 978-4-344-93063-6 C0095
幻冬舎メディアコンサルティングHP
http://www.gentosha-mc.com/